चूँकि सवाल कभी खत्म नहीं होते

(कविता-संग्रह)

चूँकि सवाल कभी खत्म नहीं होते

उमा शंकर चौधरी

वाणी प्रकाशन ग्रुप
भारतीय ज्ञानपीठ
वाणी प्रकाशन : भारतीय ज्ञानपीठ की पुस्तकों के एकमात्र प्रकाशक एवं वितरक

पेपरबैक पहला संस्करण : 2026

लोकोदय ग्रन्थमाला : ग्रन्थांक 1247

वाणी प्रकाशन ग्रुप

4695, 21-ए, दरियागंज, नयी दिल्ली-110 002
फ़ोन : 011-23273167, 23275710
ईमेल : sales@vaniprakashan.in

चूँकि सवाल कभी खत्म नहीं होते

(कविता-संग्रह)

उमा शंकर चौधरी

ISBN : 978-93-7348-884-4

मूल्य : **195**

मुद्रक : *सिटी प्रेस, दिल्ली-110 095 में मुद्रित*

CHOONKI SAWAL KABHI KHATM NAHIN HOTE

(Poetry-Collection)

by Uma Shankar Chaudhary

चर्चित कवि मदन कश्यप और प्यारे मित्र देश निर्मोही के लिए जो मुझसे बड़े हैं लेकिन जिन्हें दोस्त कहने में मुझे हिचक नहीं होती है।

अनुक्रम

चूँकि सवाल कभी खत्म नहीं होते

दौड़ते हुए

दौड़ते हुए
जो अपनी साँसों की आवाज सुनते हैं
उन्हें पहुँचने में अभी वक्त लगेगा
दौड़ने में
अपने क़दमों की नाप याद रखनेवालों को भी
अभी वक्त लगेगा

वे आएँगे
दौड़ना शुरू करेंगे
और दौड़ते चले जाएँगे

वे जो दौड़ेंगे
गिरते हुए बुजुर्ग को थामने के लिए
वे जो दौड़ेंगे
बाढ़ में फँसे बच्चे को बचाने के लिए
या फिर दौड़ेंगे
खेत में बैलों के पीछे-पीछे
उनके भीतर होगी एक आग
और उनका अभी अपनी साँसों पर ध्यान नहीं होगा।

आज सभी लोग व्यस्त हैं

वह आदमी कितना अजीब लगता है
जो अपने व्यस्ततम जीवन से समय निकालकर
कहता है कि एक धरना दिया जाए
इसके खिलाफ़ कि इजरायल ने गाबा पर हमला कर दिया

परेशानी उसके चेहरे पर दिखने लगती है
और उत्तेजित होकर वह टहलने लगता है सड़क पर इधर से उधर
वह कहता है हमें मिलकर रोकना होगा
ताकत को होने से आक्रामक और अराजक
वह उस मासूम नागरिक से संवेदित हो जाता है
जो मारे जा रहे हैं नृशंस इस हमले में

वह इकट्ठा करना चाहता है
लोगों का एक जत्था
लोगों की एक आवाज
और आवाज का एक गुच्छा
लोगों के क़दमों की आहट और पैरों के निशान
वह चाहता है वहाँ तक पहुँचाना अपनी आवाज
जहाँ मारा जा रहा है मासूम नागरिकों को बगैर शक्ल देखे
लेकिन आज सारे लोग व्यस्त हैं

सारे लोग आज व्यस्त हैं हुल्लड़ में
हुल्लड़ इस चौक पर है और उस चौक पर भी
हुल्लड़ में शोर है

और ढेर सारी मस्ती
हुल्लड़ में है बाज़ार और बाज़ार में है हुल्लड़
बाज़ार में हैं कई आकर्षक ऑफर
कई चमचमाते सामान
और ढेर सारी हँसी

लोगों का समूह जो है इस हुल्लड़ में
उन्हें नहीं है मालूम इजरायल, गाबा या भूखे पेट की कराह
वे मस्त हैं और नाच रहे हैं
गा रहे हैं
और हँस रहे हैं
वे मोटे हो रहे हैं
वह जो इकट्ठा करना चाहता है धरने के लिए आवाज
इस शोर में दबा दी जाती है उसकी ही आवाज
ठेल कर कर दिया जाता है उसे भीड़ से बाहर

लेकिन वह आदमी तब और अजीब लगने लगता है
जब वह धूल झाड़कर फिर हो जाता है खड़ा
और आवाज को इकट्ठा करने की करने लगता है फिर से कोशिश
बगैर किसी झुँझलाहट के
वह कहता है ये वही मासूम नागरिक हैं
जो बगैर शक्ल देखे ही, बगैर पहचाने ही
मारे जा रहे हैं यहाँ और वहाँ

वह कहता है अगर इस हुल्लड़ के कान में
वह कह दे कि एक दिन तुम भी मार दिए जाओगे
इसी तरह हमले में
तब यह भीड़ हो जाएगी तितर-बितर
और दौड़ जाएगी उसके शरीर में एक अजीब तरह की सिहरन
और बैठ जाएगा उनके हृदय के भीतरी कोने में डर का एक सैलाब।

बच्ची बच्ची नहीं एक स्त्री है

मैं जब भी उस बच्ची को
प्यार करने के लिए आगे बढ़ता हूँ
अपनी ही साँसों की आवाज से सिहर उठता हूँ
मुझे अपनी ही उँगलियों के नाखून
बढ़े हुए दिखने लगते हैं

ऐसा लगता है जैसे पूरी दुनिया की स्त्रियों की आँखें
चौकन्नी हो गयी हैं
और सभी की पुतलियों में
मेरा ही अक्स उभर आया है

बच्ची सामने खड़ी है और
दुनिया की स्त्रियाँ सन्देही हो गयी हैं
मैं आगे बढ़ता हूँ, और थम जाता हूँ

उस बच्ची की भावुक बातें और
मासूम हरकतें मुझे अपनी ओर खींचती हैं
उसके कई उल्टे-सीधे सवालों में उलझकर
उसकी ओर खिंचना अच्छा लगता है
लेकिन अचानक वह बच्ची एक स्त्री बन जाती है
और मैं पुरुष के खाँचे में कस दिया जाता हूँ
मुझे अपना घेरा
और अपनी ज़ंजीरें दिखती हैं
मैं स्तब्ध खड़ा हो जाता हूँ

बच्ची अन्तत: एक स्त्री है
यह एक अतिरिक्त किस्म का सन्देह
एक अतिरिक्त किस्म की सतर्कता
मुझे उस बच्ची को प्यार करने से महरूम करता है

बच्ची, बच्ची नहीं एक स्त्री है
इसे मैं क्यों मानूँ
ऐसा मैं कई बार सोच चुका हूँ
लेकिन हर बार मेरी पीठ पर वजन बढ़ता जाता है
मैं हर बार पीछे पलटकर देखता हूँ
यह कौन है जो मेरी पीठ पर दबाव बना रहा है
मैं पलटकर देखता हूँ तो मुझे हर बार
अपनी ही शक्ल दिखलाई पड़ती है
हर बार वही चेहरा
वही नाक, वही मुँह, कान और वही नुकीला पंजा

मेरे लिए वह बच्ची क्या है
इसे कभी बता नहीं पाऊँगा
लेकिन दुनिया की तमाम स्त्रियों से शिकायत नहीं कर सकता हूँ
क्यों कि मैं एक पुरुष हूँ
और मुझ पर सन्देह करने के लिए इतना ही बहुत है।

पुरुष की स्मृति में कभी बूढ़ी नहीं होतीं लड़कियाँ

लड़कियाँ अपनी मौत से भी
नहीं मरती हैं
पुरुष की स्मृति में
और न ही लड़कियाँ, अपनी ढलती उम्र से
होती हैं बूढ़ी
पुरुष की स्मृति में

यूँ पत्नियाँ अपने घर में अकसर
अपने पतियों पर लगाती हैं
उसकी स्मृति के कमज़ोर होने का आरोप
जब पुरुष भूल जाते हैं
पत्नी के बार-बार याद दिलाने के बावजूद
सैलून से लौटते हुए अपने साथ लाना एक किलो दूध और
दो रुपये का कपूर
पुरुषों की स्मृति अकसर धोखा देती है तब
जब रसोईघर में अचानक एक दिन
ढूँढ़ना पड़ जाये उसे
चायपत्ती का छोटा-सा डिब्बा
या फिर पिछले दिनों अलमारी रखकर भूल जाये
पत्नी की एक छोटी-सी हँसी

पुरुष की स्मृति में अब भी है
उस जवान लड़की की देह
जो उसके मकान के ठीक पीछे के मकान में

रहती थी, और जिसे वह कभी पहले
अपने बाथरूम से बाल्टी के ऊपर खड़े होकर
झाँकां करता था रोशनदान से
इस आह के साथ कि वह लड़की
जिस लोहे की रेलिंग पर
अपने दोनों स्तनों को रखकर खड़ी है
काश वह लोहा मैं ही होता

वह लड़की जो झुककर खड़ी होती थी
अपनी बाल्कनी की रेलिंग पर और
अपने बाथरूम से झाँक रहे पुरुष को
दिखती थी उसकी छाती में सुरंग-सी जाती
पतली-सी लकीर
उसका पिछले कई वर्षों पहले निधन हो गया था
तेज़ जांडिस से
लेकिन सच यह है कि आज भी
रात के घुप्प अँधेरे में
उस पुरुष को दीखती है जस की तस
ठस्स काले साँप की तरह वह सुरंग
और वह पुरुष अपने बिस्तर पर बेचैन हो उठता है
और फिसलकर
पानी की छोटी-छोटी बूँदों की तरह
घुस जाना चाहता है भीतर
उस सुरंग में

अपनी मौत के कई वर्षों बाद भी
पुरुष की स्मृति में
न ही मर पायी और न ही
बूढ़ी हो पायी वह जवान लड़की

पुरुष की स्मृति में न ही
झुर्रियाँ पड़ पायीं छाती की उन गोरी जगहों पर
और न ही पिचक कर झूल पाये वे कठोर स्तन

आज भी

पुरुष की स्मृति में अपनी मौत के बाद भी
ज्यों की त्यों खड़ी है वह लड़की
ठीक बॉबी की डिम्पल कपाड़िया की तरह
आज के अपने वृद्ध और झुर्रीदार
शरीर के बावजूद

पुरुष की स्मृति में
जिस तरह है वह जवान लड़की और
जिस तरह है डिम्पल कपाड़िया
अपने सुडौल नितम्बों के साथ
पुरुष की स्मृति में कभी नहीं रहती
अपनी पत्नी के जन्मदिन की
तारीख

पुरुष की स्मृति में जब तक रहेगी
वह सुरंग
वह काला साँप
वे सुडौल नितम्ब
पुरुष की स्मृति में कभी नहीं टिक पाएगा
अपने घर पर काम करने आनेवाली बूढ़ी औरत का
ठीक-ठीक नाम
रसोईघर के डिब्बे में रखी चीज़ों का
ठीक-ठीक पता
पत्नी की धीरे-धीरे गुम होती जा रही
हँसी के पीछे का कारण
और वृद्ध पिता को समय पर देनी
जांडिस की दवा।

तभी तो एक दिन सब ठीक होगा साथी

मन करता है
कि इस सरकार के रहते कोई कविता नहीं लिखूँ
न ही लिखूँ कोई शब्द
न लिखूँ कोई सच
न कोई नग्न यथार्थ
न कोई ख़्वाब या फिर न कोई अर्जी
न लिखूँ यह कि उस माँ के आँसू में कितना है नमक
जिसने महज उनतालीस रुपये में बेच दी अपनी बेटी
न ही लिखूँ यह सच कि अभी कितनी ही माएँ हैं कतार में
न ही लिखूँ उस माँ की व्यथा
जिसके सीने से चू रही हैं दूध की बूँदें
और उसका छः महीने का बच्चा गोद में बेहोश
माँग रहा है लालबत्ती पर भीख

क्यों लिखूँ, क्यों लिखूँ, क्यों लिखूँ
कौन सुनता है मेरी बात, कौन जानना चाहता है यह सच
कि कैसे ग़ायब होती ही चली जा रही है जेबों में सिक्कों की खनक
क्यों लिखूँ कि कैसे हमने गाड़ दिए हैं अपने सपने
जमीन के नीचे, बहुत नीचे

मैं कविता लिखता हूँ
और सरकार पर कोई .फ़र्क़ नहीं पड़ता
सरकार मनमौजी हो गयी है
सरकार कहती है पाँच साल बाद भी कुछ नहीं बदलेगा

तुम किसके ख़िलाफ़ लिखोगे
तुम किसको कहोगे अच्छा
किसी एक का पक्ष लेने के लिए होगे तुम मजबूर
कुछ फ़र्क़ नहीं पड़ता कि कौन है कुर्सी पर और कौन है बाहर
कौन सुनता है तुम्हारी आवाज
इस चुंधियाये समाज में किसके पास है इतनी फुरसत
कौन चाहता है अपने मस्तिष्क की नसों को तड़काना
क्यों बर्बाद करना चाहते हो तुम अपना वक्त

सरकार का नुमाइन्दा आता है और कहता है
क्यों नाराज़ हो तुम
क्यों चाहते हो तुम कि सब हो जाएँ दुखी
कुछ खुशी के गीत लिखो
लिखना ही है तो हमारी तरक्की पर लिखो
हमारी चमक पर लिखो
सफल हो रही हमारी योजनाओं पर लिखो
लिखना ही है तो उन मुस्कराते चेहरों की इबारत लिखो
ठहाके का अट्ठहास लिखो
लिखना ही है तो बड़े-बड़े मॉल्स के भीतर की सरगर्मी को लिखो
इस अन्धी दौड़ में छूट गये हैं जो पीछे
क्यों लिखना चाहते हो तुम उनका पछतावा
उनकी पराजय, उनकी उदासी
क्यों चाहते हो तुम लिखना उनके काले पड़ चुके चेहरे का रंग
लिखना ही है तो तुम कविता को बाँसुरी के मधुर संगीत की तरह लिखो
तुम क्यों लिखना चाहते हो अपनी कविता को
क्रान्ति की तरह

टेलीविज़न पर देखता हूँ कि रात की जिस पार्टी में
जो एक राजनीतिक दल सरकार के साथ जश्न मना रहा था
वही कल सड़क पर महँगाई के ख़िलाफ़ धरना दे रहा है
सच क्या है अब इसको समझना इतना आसान नहीं है
सच यह धरना नहीं है
सच यह भी नहीं है कि महँगाई को बेइन्तहा बढ़ाकर

उसे थोड़ा कम करने से महँगाई कम हो जाती है
सच कुछ भी नहीं है
सच कहीं भी नहीं है
अब सिर्फ़ षड्यन्त्र है
यहाँ है षड्यन्त्र, वहाँ है षड्यन्त्र
हम मोबाइल पर बात करते हैं यह भी एक षड्यन्त्र है
फेसबुक पर आभासी दुनिया का समाज एक षड्यन्त्र है

मैं जाता हूँ मोबाइल की दुकान पर और दुकानदार कहता है
दस के रिचार्ज में पन्द्रह मिलेंगे
अगर साठ का ऊपर से डलवा दें तो पूरी रात रंगीन बातें मुफ्त
आप चाहते हैं एसएमएस से अपनी प्रेमिका को दुलार करना
तो बस आपको डालना होगा अपने मोबाइल में
पैंतीस रुपये का एक और कूपन

बगल का आदमी कहता है
इस सरकार ने कितना आसान कर दिया है जीवन
आप साठ रुपये के एक कूपन से घुसे रह सकते हैं
पूरी रात अपनी प्रेमिका के बिस्तर में
जीवन में कभी इतनी मस्ती भी होगी हमने सोचा नहीं था
जीवन के बारे में ज़्यादा सोचकर क्या करना
जो मर रहा है मर जाने दो
जो बिलख रहा है, बिलखने दो
दुख क्या है उसका कोई रंग नहीं होता है
न ही होता है उसका कोई स्वरूप
दुख का क्या है उसका क्या कभी अन्त हुआ है

मैं भागता हूँ और सोचता हूँ
क्यों लिखूँ, क्यों लिखूँ, क्यों लिखूँ
कौन सुनता है मेरी बात, कौन जानना चाहता है सच

लेकिन फिर सोचता हूँ
क्या इतना सब कुछ होने के बाद भी

छोड़ दिया गंगाराम ने बैलों के पीछे दौड़ना
क्या छोड़ दिया उसने पानी की बूँदों के लिए आसमान की ओर ताकना
क्या बन्द हो गयी रिक्शे के पहिये से निकलनेवाली
रुनझुन की आवाज
या बन्द हो गयी बैलों के गले में बजनेवाली घंटी की टुन-टुन
क्या बब्बोई हसदा ने छोड़ दिया ताड़ के पेड़ों से ताड़ी उतारना
क्या छोड़ दिया अलना हस्तसाल और फलना मुर्मू ने
नारियल की रस्सी बनाना

जब कुछ नहीं रुका, कुछ नहीं थमा
तब निश्चय है कि एक दिन सब अच्छा भी होगा
मैं कविता लिखूँ-न-लिखूँ कोई फ़र्क़ नहीं पड़ता
कोई फ़र्क़ नहीं पड़ता
कि कौन-सी सरकार हो गयी है कितनी मनमौजी
कोई फ़र्क़ नहीं पड़ता कि
किस सरकार के निर्णय हो गये हैं कितने उच्छृंखल
लेकिन बैलों के गले में जब बज रही है घंटी
तब सब ठीक होगा साथी
जब तक रिक्शे के पहिये से निकल रही है रुनझुन की आवाज
तब एक दिन सब ठीक होगा साथी
हमारी आँखों में जब ख़्वाब रहेंगे
तभी तो एक दिन सब ठीक होगा साथी।

राहुल गाँधी को तस्वीरों में देखकर

(यहाँ राहुल गाँधी वास्तव में राहुल गाँधी नहीं बल्कि सभी राजनीतिज्ञों के प्रतिनिधि भर हैं)

उन तस्वीरों को देखना कितना अच्छा लगता है
जिनमें बैठे हैं राहुल गाँधी नीली जींस और सफेद कुर्ते में
आम लोगों के बीच
उन तस्वीरों में राहुल गाँधी ने पहन रखी है
जींस के साथ एक आम आदमी की तरह की सैंडिल
राहुल गाँधी बैठे हैं
नीली जींस और सफेद कुर्ते में आम लोगों के बीच
और आम लोग उत्साही हुए जा रहे हैं

राहुल गाँधी बतिया रहे हैं आम लोगों से
सुन रहे हैं उनका दुख-दर्द
चुकु मुकु बैठ, आलथी-पालथी मार
अपने हाथों में अपनी ठुड्ढी को रख बहुत ध्यानमग्न हैं राहुल गाँधी
वे देख रहे हैं, सुन रहे हैं, साझा कर रहे हैं
ले रहे हैं नसीहत, दे रहे हैं हलकी-सी खुशी
आम आदमी के मन में जगता-सा जा रहा है
विश्वास का सैलाब

राहुल गाँधी बोल रहे हैं
और हुजूम उमड़ पड़ रहा है
राहुल गाँधी आश्वासन दे रहे हैं और उधर
चूल्हे पर सूनी पड़ी कड़ाहियों में गिर रही है तेल की कुछ बूँदें
राहुल गाँधी चल रहे हैं तेज़-तेज़ क़दमों से
तो ऐसा लगता है जैसे

तेज़ हो रहा है हमारी धमनियों में बह रहे
रक्त का संचार

राहुल गाँधी बता रहे हैं, बना रहे हैं
उसी मंच पर से ढेर सारी योजनाएँ
और तालियों की गड़गड़ाहट एक गूँज में तब्दील हो जा रही है
राहुल गाँधी करते हैं घोषणाएँ
जताते हैं इच्छाएँ
और कुछ ही क्षणों में बदल जा रही हैं नीतियाँ

राहुल गाँधी भी माँग रहे हैं
रियायती सिलेंडरों की बढ़ती संख्या
वे भी माँग रहे हैं स्त्रियों की सुरक्षा
वे भी माँग रहे हैं अपनी जेब में बचा रखने के लिए
फूल की कुछ कोमल पंखुड़ियाँ
भँवरे की थोड़ी-सी गुन-गुन की आवाज
और धूप का छोटा-सा टुकड़ा

हम देखते हैं उन्हें टेलीविज़न सेट पर
आज यहाँ कल वहाँ
हम सुनते हैं उनकी यह योजना कल उनकी वह योजना
हम सोचने लगते हैं कब सोते होंगे राहुल गाँधी
क्या थकान नहीं होती होगी उनको
हम सोचते हैं कब सोचते होंगे
कब बनाते होंगे ये सब योजनाएँ
हम सोचते हैं कितने व्यस्त हैं राहुल गाँधी
कि नहीं है फुर्सत उनके पास
चेहरे पर से खूँटी-सी निकल आई दाढ़ी को हटाने की
कब मिलते होंगे वे अपनी माँ से
क्या अब भी इतराते होंगे अपनी माँ के साथ
कब बैठ पाते होंगे अपनी बहन, अपने दोस्तों के साथ यूँ बेफ़िक्र
हम देखते हैं राहुल गाँधी को
हम सोचते हैं राहुल गाँधी के बारे में

हम होने लगते हैं मदहोश
हम पर वाकई छाने लगता है राहुल गाँधी का नशा

तब मन करता है कि पतिया लूँ कि
राहुल गाँधी वाकई हो गये हैं हम-आप जैसे आम आदमी
वे हो गये हैं हम में से ही एक
उनके चेहरे पर उगी हलकी दाढ़ी
और उनके चेहरे पर तारी चिन्ता की ये गहरी लकीरें
हमें करने लगी हैं सोचने पर यह मजबूर
मन करता है विश्वास कर लूँ कि उन्हें भी लगने लगी है
चीज़ों की महँगाई बहुत कठिन
और उनका धीरज भी अब देने लगा है जवाब
राहुल गाँधी के चेहरे का भोलापन वाकई
हमें यह सोचने पर करता है मजबूर
पर तभी याद आती है मुझे सूर्य की रोशनी की यह तपिश
फूलों की पंखुड़ियों से निकलनेवाली खुशबू
और नदियों की कल-कल बहनेवाली आवाज
और हमें तब झटके से याद आती है चुनाव की तारीख
और हम जैसे जग जाते हैं नींद से
एक मीठे सपने से या फिर
एक दु:स्वप्न से।

सम्बन्ध

पिता के लाये हुए खिलौने से खेलती है
तीन साल की बेटी
खिलौने जो पुराने पड़ गये हैं, टूट-से गये हैं
झड़ से गये हैं
उन्हें भी बेटी रखती है बहुत सहेज कर
हर कोई जो आता है घर में
बेटी बहुत ही उत्साह से दिखाती है उसे वे खिलौने

इस तरह हज़ारों कोस दूर बैठे पिता से
चलता है बेटी का यह रागात्मक सम्बन्ध।

बेटी और रंग

(1)
तीन साल की बेटी
अपने रंगों का पिटारा खोल
अपनी ड्राइंग बुक में बनी गुड़िया में
भरने के लिए रंग पूछती है बार-बार
उसकी फ्रॉक का रंग, उसके बालों का रंग
और उसने जो अपने हाथ में पकड़ रखा है फूल
उसका चटक रंग
मैं सुलझाता जाता हूँ रंगों का उसका यह उलझाव
और देखता हूँ बेटी ज्यों-ज्यों अपनी कॉपी में भरती जाती है रंग
बाहर आसमान भी उसी अनुपात में
इन्द्रधनुषी होता जा रहा है

(2)
एक पल ओझल होने पर बेटी
घर की दीवारों पर
अपने रंगों से उकेर देती है
ढेर सारी बेढंग लकीरें
हम देखते हैं दीवार पर खींची हुई उन बेढब लकीरों को
एक क्षण को दुखी होते हैं
बेटी मुस्कराती है और फिर उसकी मुस्कराहट देखकर
दूसरे ही क्षण लगने लगता है
कितनी सूनी थी
इन बेढ़ँग लकीरों के बिना ये दीवारें

(3)
बेटी जब होती है रंगों के उलझन में तल्लीन
तब कर लेती है अपने हाथों और कपड़ों को रंगीन
जब वह रंगों से हटती है दूर
तब खुद ही अपने रंगीन हो चुके हाथों और कपड़ों को देखकर
होती है उदास
तब हम बिना खीझे उसे समझाते हैं
जीवन में इन रंगों की अहमियत

(4)
बेटी को सबसे ज़्यादा है अपने रंगों से प्यार
बेटी के पास हैं ढेर सारे रंगों के बक्से
और उन बक्सों में हैं रंगों के अलग-अलग शेड्स
बेटी जव भर रही होती है रंग
तब होती है तल्लीन
बेटी जब भर रही होती है रंग
तब होती है सबसे ज़्यादा खुश
तब होती है उसके चेहरे पर अजीब-सी चमक
कई बार मैं उसके रंग के बक्सों से चुराकर रंग
अपने घर पर कूची फिरा देता हूँ।

रफ़्तार

हम रोटी का कौर मुँह में रख रहे थे
और दुनिया बदल रही थी
हम साँस ले रहे थे
और दुनिया बदल रही थी
दुनिया बदलने की चीज़ है
लेकिन इतनी रफ़्तार भी अच्छी नहीं
गोया यूँ कि हर कौर के बाद दूसरी कौर
दुगुनी मँहगी हो जाए
हर साँस के बाद दूसरी साँस और जहरीली हो जाए।

प्रधानमन्त्री को पसीना

लोगों का वह जत्था जो समझते थे
इस लोकतन्त्र में अपने होने का मतलब
उसकी हँसी उड़ाने के लिए सामने पड़ी है उसकी लाश
उसकी लाश जिसने पिछले एक सप्ताह से
प्रधानमन्त्री से मिलने की कोशिश के बाद
हार कर कर लिया है आत्मदाह

प्रधानमन्त्री से मिलना कठिन ही नहीं
नामुमकिन है कहते थे उनके सुरक्षाकर्मी
सुरक्षाकर्मी जिनके सिर पर था सुरक्षाकवच
माथे पर मुकुट और हाथ में भाला और तलवार

वह, जो सात दिनों तक करता रहा मिन्नत
आखिरी दिन मरने से पहले
दिखलाया था अपना वोटर आई-कार्ड
अपने नागरिक होने का एक मात्र सबूत

वह प्रधानमन्त्री से क्यों मिलना चाहता था
इस सवाल का जवाब खत्म हो गया
उसकी मौत के साथ
ऐसा लग सकता है
लेकिन चूँकि सवाल कभी खत्म नहीं होते
इसलिए हम बिना जाने ही यह बूझ गये हैं कि
क्यों मिलना चाहता था वह प्रधानमन्त्री से

और हममें से ऐसा कौन है
जो नहीं है चाहता मिलना प्रधानमन्त्री से
इन सवालों के साथ कि
क्यों करवट बदलने पर बजने लगती हैं हड्डियाँ
क्यों पैरों के जमीन पर सीधे सटने से
तलुवे पर पड़ जाती हैं ठीक सूखे खेत की तर्ज पर दरारें
उस बड़े से पक्षी का नाम क्या है
जो झपट्टा मारकर ले उड़ा है
मेरी-उसकी थाली से रोटियाँ
और पूछने को तो यह भी पूछा जा सकता है कि
कमीज के टूट गये बटन को
दुरुस्त करने के लिए कहाँ से मिलती है सुई
और कहाँ से मिलता है धागा

जिस समय उसने छिड़क लिया था
अपनी देह पर मिट्टी का तेल
उस समय उच्चस्तरीय बैठक में शामिल थे प्रधानमन्त्री

प्रधानमन्त्री कहते हैं हम नागरिक समाज बनाएँगे
प्रधानमन्त्री कहते हैं हम बन्द कर देंगे
फसलों में कीड़ों का लगना
प्रधानमन्त्री कहते हैं हम बन्द कर देंगे बच्चों का रोना

वह जिसकी जली लाश हमारे सामने पड़ी है
वह इस लोकतान्त्र पर ही नहीं
प्रधानमन्त्री की इन इच्छाओं पर भी लगाता है प्रश्नचिह्न
और सबसे बड़ा तो चुनाव आयोग के उस प्रचार पर
जो वोट नहीं करने पर करता है हमें शर्मिन्दा
अब भीड़ से निकली इस आवाज को कौन दबा सकता है कि
साले और करो वोट

हारने का नहीं भागने का नहीं
यह अक्लमन्दी से सोचने का वक्त है साथी

यह सामने जली पड़ी लाश तो सबको दिखती है
लेकिन यह कोई नहीं है जानता कि
जब उसने अपने ऊपर डालकर मिट्टी का तेल
लगा ली थी आग
तब उस आग की धधक से बन्द कमरे में
इस कड़ाके की ठंड में भी
प्रधानमन्त्री की कान के ठीक पीछे से
चू पड़ी थी पसीने की बूँदें
और प्रधानमन्त्री भौचक रह गये थे।

शहर में वह

इसके पहले
जब भी मैंने उसे देखा था
अपनी ठसक के साथ ही देखा था
गले में गमछी लपेटे वह कहता
दुनिया को मैं अपने जूते की नोंक पर रखता हूँ
वह अपनी कमीज और फुलपैंट पर
धूल की ज़रा-सी गर्द भी बर्दाश्त नहीं करता था

उसकी बुशर्ट रोज़ कलफ होकर आती थी
उसके शरीर से इत्र की खुशबू बिखरती थी
उसके पान की दुकान तय थी और
उसके पान में हर दिन डाले जाते थे कई गमकौवा मसाले
उसकी दोनों बाँहों पर बुशर्ट खड़ी होती थी
जिसे मैंने कभी झुके या मुरझाये हुए नहीं देखा

उसे अपनी बाजुओं पर बहुत विश्वास था
वह कहता दुनिया का ऐसा कोई काम नहीं है
जो मैं नहीं कर सकता
वह जल्दी गुस्सा होता था और
किसी के भी गर्दन को एक झपट्टे में पकड़ लेता था
उसके कन्धे चौड़े थे
और उसके चेहरे पर लाली थी

उसे अपने गाँव ही नहीं

अपने राज्य और अपने देश की राजनीति की
कच्ची-पक्की समझ थी
और वह मुख्यमन्त्री से लेकर प्रधानमन्त्री तक को भी
अपने से छोटा राजनीतिज्ञ मानता था

वह राजनीति नहीं करता था
लोग उसे गुंडा नहीं कहते थे
लेकिन वह अपने को कहता था मन का बादशाह
मन ने कहा तो सो लिया
मन ने कहा तो चल दिया
और मन ने कहा तो जूते की नोंक पर यह दुनिया

पिछले दिनों जब वह मेरे पास
इस महानगर में आया
उसे यहाँ की तेज़ रोशनी और गाड़ियों के काफ़िले के बीच
मैंने शान्त पाया
वह चुप था
और उसके चेहरे पर लाली नहीं थी
उसके कन्धे चौड़े नहीं थे
उसके जूतों की चरमराहट बन्द थी
मैं उसके चेहरे को देखकर हैरान था

जब तक वह रहा
मेरे साथ इस महानगर की फ़िज़ाओं में
मैं इस महानगर में उसकी ओर और
तेज़ रोशनी की धार की ओर देखता रहा
और सोचता रहा इस तेज़ रोशनी का
इस सहमे हुए चेहरे से कोई सम्बन्ध तो ज़रूर है।

बड़ी हो रही बेटियों के पिता

हम अपनी बच्ची के जन्म पर
चाहे जितना खुश हो लें
और चाहे जितना इतरा लें उसके बचपन की
उन मासूम हरकतों पर
परन्तु सच यह है कि बेटियाँ ज्यों-ज्यों बड़ी होती हैं
चिन्ता की लकीरें बढ़ने लगती हैं
पिता के चेहरे पर
बढ़ने लगती है हवा में खुश्की
और घटने लगता है सरसों के लहलहाते खेत में
सरसों के फूल का ठस्स पीलापन

मेरे पिता कहते थे कि
बेटियाँ ही हैं
जिन्होंने इस सृष्टि को बना रखा है इतना हरा-भरा
बेटियाँ ही हैं
जो यह पृथ्वी घूम रही है अपने अक्ष पर
बेटियाँ ही हैं
जो यह सूर्य निकल रहा है पूरब दिशा में
बेटियाँ ही हैं जो
चिड़िया अब भी बैठती हैं और चहकती हैं हमारे मुंडेर पर

परन्तु बेटियाँ बड़ी हो रही होती हैं तो पिता
सन्देही होने लगते हैं
पिता की निगाह सतर्क होने लगती है

वे करने लगते हैं शक अपने घर में आनेवाले
हवा, पानी, खुशबू और यहाँ तक कि
धूल के कणों तक पर
वे बन बैठते हैं अपने ही घर के एक सख़्त पहरेदार

घर पर जो आते हैं अतिथि
वर्षों के सम्बन्ध के बावजूद पिता करने लगते हैं
उन पर सन्देह
उस पर रखने लगते हैं एक चोर निगाह
बड़ी हो रही बेटी हँसती है, ठठाती है
और घूमती है बेफ़िक्र
तब पिता अपनी नज़रों को बना लेते हैं एक कवच
और बिन बताये ही वे करने लगते हैं अपनी बेटी की
एक अघोषित सी सुरक्षा

पिता घंटों बैठते हैं अपने अतिथियों के साथ
लेकिन जब बड़ी हो रही बेटी आती है
अपने हाथ में लिए हुए चाय की टेऊ
तब पिता अपने हाथ से ट्रे रखते हुए बेटी को कम
उस अतिथि की निगाह को ताड़ने की करते हैं कोशिश ज़्यादा

बड़ी हो रही बेटी के पिता को हर वक्त लगता है
कि बेटी असुरक्षित है
बेटी बाहर खेलती है तब असुरक्षा है
बेटी स्कूल जाती है तब असुरक्षा है
बेटी साँस ले रही है तब असुरक्षा है
बेटी पूर्णमासी की चाँद की तरह खिल रही है
तब भी है यह असुरक्षा

बड़ी हो रही बेटी जाती है घर के बाहर
तब पिता की निगाहें टिकी होती हैं
घर के दरवाज़े पर
वे घर में कुछ कहते नहीं हैं

परन्तु हर वक्त का घंटा उनके कानों में बजता रहता है
बड़ी हो रही बेटी ज्यों-ज्यों बड़ी होती जाती है
पिता की आँखों में वे
गुलाब के रस की तरह गड़ने लगती है
बड़ी हो रही बेटी ज्यों ज्यों बड़ी होती जाती है
पिता की नींद पतली होने लगती है
कम होने लगती है उनकी नींद की गहराई
कम होने लगता है उसमें सपनों का आना

बड़ी हो रही बेटी पिता की धड़कन होती है
इसे पिता भी जानते हैं
और बेटी भी
परन्तु बेटियाँ इस सच को थोड़ा देर से समझ पाती हैं
कि बाहर फिजाएँ हैं कितनी ज़हरीली
जबकि पिता जान चुके होते हैं पहले ही कि
बाहर की हवा में है कितना रूखापन
वे जान चुके होते हैं पहले ही कि
बाहर के मौसम में है कितनी खुश्की
और कितनी है उमस
क्योंकि पिता जब होते हैं पिता की भूमिका से बाहर
तब वे भी होते हैं सिर्फ पुरुष।

कुर्सी

ऐसा क्यों होता है कि
जब मैं सड़क पर निठल्ला घूमता हूँ
तब मुझे अकसर लगता है
कि इस सड़क पर निठल्लों की भीड़ बढ़ती जा रही है
मैं आगे बढ़ता हूँ और
निठल्लों का एक हुजूम मुझसे टकराता रहता है
और सँभलना मुश्किल हो जाता है

मैं पहुँचता हूँ वहाँ, जहाँ
रखी हुई है कुर्सी
थोड़ी उम्मीद
एक निश्चिन्तता
पर हर बार मैं निराश होता हूँ
मुझे हर बार वह कुर्सी भरी हुई दिखती है
हर बार मुझे उस कुर्सी पर बैठा दिखता है
वह आदमी जिसने कल मुझसे पूछा था
इस देश के प्रधानमन्त्री का नाम
हवा में ऑक्सीजन की मात्रा
राह चलते आदमी की दिशा

मैं वहाँ जाता हूँ
और खड़ा हो जाता हूँ उसके सामने
वह देखता है मेरी ओर
और मुझे पहचानने की करता है कोशिश

और कहता है ऐसे नहीं पंक्ति में जाकर खड़े हो जाओ
और मैं ढूँढ़ने लग जाता हूँ पंक्ति का आखिरी छोर
जहाँ जाकर हो सकूँ खड़ा
और ढूँढ़ता रह जाता हूँ

इस पंक्ति को खींचकर इतना लम्बा किसने बनाया
इसे मैं जानता हूँ
आप सोचने बैठेंगे तो आप भी जान जाएँगे

मुझे कुर्सी पर बैठे हर आदमी का चेहरा
एक जैसा दिखता है
वही दो कान, एक नाक, एक मुँह
वही चेहरे पर एक सन्तुष्ट मुस्कान
मुझे कुर्सी पर बैठे हर आदमी का चेहरा
एक ही चेहरा लगता है
जैसे एक ही आदमी की रूह
बैठी हो इस देश की तमाम कुर्सियों पर
मुझे उन सबमें एकजुटता दिखती है
और एक गहरी योजना

मैं निठल्ला घूमता हूँ
दौड़ता हूँ, पस्त होता हूँ
चाहता हूँ अपने लिए थोड़ी-सी जगह
और हार जाता हूँ
या हरा दिया जाता हूँ
और एक दिन जब मेरी बेरोज़गारी
मेरे भीतर कुलाँचें मारती है
मेरे पेट की भूखी अन्तड़ियाँ
जब एक कठोर गोले में परिणत हो जाती हैं तब
मैं उन कुर्सियों में से
सबसे छोटी कुर्सी के सामने जाकर गालियाँ देता हूँ

लेकिन तब भौचक हो जाता हूँ जब

उस छोटी कुर्सी के बचाव में
सबसे बड़ी कुर्सी पर बैठा आदमी
अपने ओहदे की चिन्ता किये बग़ैर अपनी कुर्सी से उतरकर
मेरे सामने आ जाता है
वह चट्टान की तरह मेरे सामने खड़ा हो जाता है
और मैं देखता हूँ कि
यह शक्ल भी उन शक्लों में से ही एक है
जो इस देश की तमाम कुर्सियों पर बैठी हैं।

कहाँ है इस इलाके का पुलिस स्टेशन

मैं जिस इलाके में पिछले लगभग बारह वर्षों से रह रहा हूँ
उस इलाके का लगभग चप्पा-चप्पा जान गया हूँ
जान गया हूँ कि कौन-सी सड़क किधर जाती है
यहाँ कहाँ बनता है गाड़ियाँ चलाने का लाइसेंस
किधर मिलती है अच्छी पेस्ट्री
और यहाँ तक कि इस इलाके में कहाँ हैं
मन्दिर, मस्जिद, गुरुद्वारे और चर्च
परन्तु इसे बिडम्बना ही कहिए कि
इन बारह वर्षों में यह जान नहीं पाया हूँ कि
कहाँ है इस इलाके का पुलिस स्टेशन

मेरे पिता कहते थे कि जिस इलाके में रहो
उस इलाके के अस्पताल और पुलिस स्टेशन की खबर
सबसे पहले रखनी चाहिए अपने पास
लेकिन मेरे साथ यह अजीब है कि इस इलाके
और इसके आस-पास की उन सारी जगहों की
खबर रखने के बावजूद जहाँ कि खूब खरीदारी की जा सकती है
नहीं है मेरे पास यहाँ के पुलिस स्टेशन की खबर

कहने को यह कहा जा सकता है
और यह सच भी है कि
इन बारह वर्षों में मुझे नहीं ज़रूरत पड़ी कभी पुलिस स्टेशन की
इसलिए नहीं पता है कि कहाँ है यह पुलिस स्टेशन
लेकिन और भी बहुत कुछ है इस इलाके में

जिनकी ज़रूरत कभी नहीं पड़ी मुझे इन बारह वर्षों में
जबकि उनकी खबर है मुझे
जैसे मैं कभी समझ नहीं पाया कि
इस बारह क़दम की दूरी पर जो मॉल है
उसमें वे चमकीली दुकानें आखिर किनके लिए हैं
किनके लिए हैं वह अनवरत ऊपर की ओर जाती हुई सीढ़ियाँ
और किनके लिए हैं वहाँ रखे हुए वे चमकीले पत्थर के टुकड़े

इन बारह वर्षों में भले ही मैं नहीं जान पाया
कि कहाँ है पुलिस स्टेशन
पर यह मुझे रोज़ के रोज़ बतलाया जाता है कि
आखिर यहाँ क्या नया खुल रहा है
कहाँ मिलने लगा है पिज्जा-मोमोज और कहाँ खुल गयी हैं
स्पा की दुकानें
मैं यह भले नहीं जानूँ कि कहाँ है पुलिस स्टेशन
लेकिन यह ज़रूर जानता हूँ कि
इस इलाके में कौन-कौन से हैं अच्छे क्लब
और कहाँ वक्त काटना है सबसे आसान

कई बार तो मुझे अब ऐसा भी लगने लगा है कि
इस इलाके के बारे में मैं बहुत कुछ ऐसा भी जान गया हूँ
जो क़ायदे से नहीं जानना चाहिए था मुझे
जैसे मेरे एक दोस्त ने मुझे एक दिन बताया कि
वह जो नयी स्पा की दुकान खुली है
तो तुम क्या समझते हो कि वहाँ सिर्फ थकान ही उतारी जाती है
एक रात हम दो मित्र साथ घूम रहे थे
तब दो पुलिसवाले मिले
उन्होंने हमें बहुत बारीकी से यह बतलाया कि
इस इलाके में कौन-कौन सी जगहें नहीं हैं इतनी महफ़ूज़ कि
जहाँ घूमा जा सकता है यूँ निफ़िक्र
इस तरह हम अनजाने ही इस इलाके की वे जगहें भी
पुलिस वालों के साथ जान गए
जहाँ तय है कि आप नहीं रहेंगे सुरक्षित

एक दिन तो ऐसा हुआ कि बस समझिए
मुझे पुलिस स्टेशन पता लगते लगते रह गया
उस दिन बस मैं अपने मोबाइल पर बातें करते-करते हँस रहा था ज़ोर से
और मेरे सामने वाले पड़ोसी ने इस आशंका में
पुलिस को बुलवा लिया कि पता नहीं
ये हँस रहा है इतना ज़रूर होनेवाला होगा कुछ अनिष्ट

पुलिस तो उस दिन मुझे उठाकर पुलिस स्टेशन ले ही जाती
जब मैंने अपनी गली की वर्षों से खुली नालियों
और उसमें बजबजाते कीड़ों को देखकर
प्रधानमन्त्री को लिख दिया था एक पत्र
लेकिन हर बार यही हुआ कि लोगों ने बीच में आकर
कर दिया बीच-बीचौव्वल
और सारे मामले निपटा दिए गए बस यूँ ही

वैसे कई बार मैं यह पता लगाने निकल चुका हूँ
कि आखिर कहाँ है इस इलाके का पुलिस स्टेशन
पर हर बार लोग मुझे शक़ या हमदर्दी की निगाह से देखते हैं
और हर बार मैं वापस हो जाता हूँ
मैं अपने भविष्य की सुरक्षा के लिहाज से
जानना चाहता हूँ कि कहाँ है पुलिस स्टेशन
लेकिन लोग मेरी ओर भौचक निगाह से देखते हैं
उनके चेहरे तब मेरे लिए एक हमदर्दी आ जाती है
और मैं डर जाता हूँ

एक बार तो किसी ने मेरे मुँह पर सीधा ही पूछ लिया
कि क्या तुम्हारे घर में दिन दहाड़े ही हो गयी है किसी की हत्या
या इस दिन के उजाले में भी
तुम्हारे घर की हवा हो गयी है इतनी असुरक्षित
और मैं तब सचमुच इतना डर गया था कि
मैं यह जाने बिना ही कि कहाँ है यह पुलिस स्टेशन
मैं उल्टे पाँव अपने घर भाग आया था

पुलिस स्टेशन का पता पूछना ठीक वैसा ही है
जैसा है अपनी लिखी शिकायत के लिए
प्रधानमन्त्री और मुख्यमन्त्री का ठीक-ठीक पता पूछना

वैसे कहा तो यह भी जा सकता है कि
क्या होता अगर मुझे मालूम चल जाता
प्रधानमन्त्री, मुख्यमन्त्री का ठीक ठीक पता
और मुझे पता चल जाता
अपने इलाके के पुलिस स्टेशन का सही ठिकाना।

बड़बड़ाहट

वे जो बड़बड़ाते हैं नींद में
उन्हें चाहिए एक कुर्सी
यह ज़रूरी नहीं है हमेशा

ज़रूरी यह भी नहीं है कि वे
उस समय अपने मन में ले रहे हों बदला
उस शक्ति से जिसने
छीन ली है उसके हिस्से की हवा, धूप, पानी या मिट्टी

हो सकता है वे उस समय
कर रहे हों पूरी अपनी इबादत
उन लोगों के लिए
जिनकी बच गयी है ज़िन्दगी
इस बम-बलास्ट में
और जिन्हें छोड़ दिया गया है
खुले आसमान के नीचे, अब फिर
अकेला।

मोबाइल के बिना पिता

हमारी खालिस ज़िन्दगी में पिता की बड़ी अहमियत है
जब पिता किसी काम से बाहर निकल जाते हैं
और उनके पीछे घर में हमें उनकी
सख़्त ज़रूरत आन पड़ती है
तब मैं साइकिल लेकर पूरे शहर में
यहाँ वहाँ उन्हें ढूँढ़ता रहता हूँ

उन्हें ढूँढ़ते हुए मैं उन पर झुंझलाता हूँ
और वे मुझे देखकर थोड़ा झेंप जाते हैं
और फिर मुस्कराते हुए तेज़ क़दमों से पैदल
घर की ओर लगभग दौड़ पड़ते हैं

पिता मोबाइल नहीं रखते हैं
और हम मोबाइल के साथ पिता की कल्पना करते हैं
पिता लम्बा कुर्ता पहनते हैं
और हम सोचते हैं पिता के कुर्ते की बगलवाली जेब में
अगर मोबाइल की घंटी बजती रही
तो क्या पिता उसे सुन पाएँगे

हम सोचते हैं
मोबाइल के हरे वाले बटन को दबाकर
कान में लगाये पिता कैसे लगेंगे
कैसे लगेंगे वे मोबाइल का रिचार्ज कूपन खरीदते हुए
क्या उन्हें टॉक वैल्यू का अर्थ समझ में आ पाएगा

अकसर जब हम उन्हें मोबाइल पकड़ाते हैं
तब वे मोबाइल को लगाते हैं कान से थोड़ा ऊपर
और कहते हैं इसमें तो सिर्फ सन्नाटा है
पिता मोबाइल की आवाज की
अपने बेसिक टेलीफोन की आवाज़ से करते हैं तुलना
और मोबाइल को बड़े ही उपेक्षित निगाह से देखते हैं

पिता मोबाइल के छोटे-छोटे बटन को देखकर
बहुत कन्फ्यूज होते हैं
और हमें लगता है यह भी भला कोई कन्फ्यूज होने की बात है

झटके से उठने में पिता के सर में आता है ज़ोर का चक्कर
पिता बिस्तर से आराम से उठें
यह डॉक्टर की सख़्त हिदायत है
लेकिन टेलीफोन की घंटी पर पिता अपने को रोक नहीं पाते हैं
हम डरते हैं पिता किसी दिन
चक्कर खाकर बिस्तर से गिर नहीं जाएँ मुँह के बल
लेकिन पिता नहीं मानते
पिता के घुटने में दर्द है
पिता की कमर में दर्द है
लेकिन पिता फोन की घंटी पर हो जाते हैं तंदरुस्त

पिता घर के पिछवाड़े में बाड़ी में
खुरपी से सब्जी की क्यारी बना रहे होते हैं
और वहीं से टेलीफोन की घंटी सुन दौड़ते हैं

वे टेलीफोन पर बात करके
उसे एक छोटे तौलिया से ढँक देते हैं
जब कभी टेलीफोन की आवाज दब जाती है
या फिर उसमें घर-घर की आवाज आने लगती है
पिता के पास उसे ठीक करने का एक देशी नुस्खा है
वे तार से अलग कर टेलीफोन को देर तक धूप में सुखाते हैं
और सच में टेलीफोन दुरुस्त हो जाता है

पिता मोबाइल में जिस आवाज को पकड़ नहीं पाते हैं
जो आवाज महसूस होती है सिर्फ उन्हें सन्नाटा
वे उसे उस बेसिक टेलीफोन में
बड़ी आत्मीयता से पकड़ लेते हैं
पिता उस टेलीफोन पर बड़ी देर तक
रामचरण बाबू और तारकनाथ बाबू से बतियाते रहते हैं
और अपने वेतन से लेकर
अपनी बागवानी की सब्जी तक का हाल सुनाते हैं

पिता बुजुर्ग हो रहे हैं
और बिना मोबाइल के आदी हुए छोड़ देंगे इस दुनिया को
ऐसा सोचकर हमें बहुत बुरा लगता है
हम पिता को मोबाइल से जोड़ने के
बहुत जतन करते हैं
हम कई बार घंटों उसके फायदे बता चुके हैं
और यह भी कि इसके जरिए उनको ढूँढ़ना है कितना आसान
और यह कि यह तो अब इज़्ज़त से जुड़ा हुआ भी मामला है
मोबाइल तो अब सबके पास है
पिता नाराज़ नहीं होते हैं
लेकिन वे सीखते नहीं हैं

हम हर बार उनको ढूँढ़ने में झुँझलाते हैं
बागवानी से दौड़ने
बिस्तर से औचक उठने में झुँझलाते हैं
कई बार मोबाइल के फायदे समझाने में झुँझलाते हैं
लेकिन जब उस टेलीफोन पर पिता को
अपने दोस्तों से अपनी सेहत
अपनी सब्जी के बारे में बात करते देखते हैं
उस टेलीफोन पर उन्हें खिलखिला कर हँसते हुए देखते हैं
तब उनके चेहरे की संतुष्टि को देखकर बड़ा सुकून महसूस करते हैं।

पिता की तरफ से

(1)
छः महीने का बेटा
अभी-अभी सीखा है बैठना
उसका बैठना और थोड़ी देर बैठे रहना
हमें सुख देता है
देता है थोड़ी सन्तुष्टि
वह गिरने को होता है तो दौड़ता हूँ
उसे सँभालने
उसे सँभालता हूँ तो लगता है जैसे
सँभाल रहा हूँ पृथ्वी को
अपने अक्ष पर ठीक से घूमने के लिए

(2)
अपने मुँह से निकालता है वह
कुछ अस्पष्ट
और अबुझ सी ध्वनियाँ
हम उन ध्वनियों को जोड़कर
बनाने में लगे रहते हैं कोई अर्थवान शब्द
फिर उन्हीं शब्दों से जोड़ते हैं
अपना रिश्ता

(3)
छः महीने के बेटे के
पता नहीं क्या-क्या रखे हैं हमने नाम

चाहे जिस नाम से उसे पुकारते हैं हम
वह चौंकता है
देखता है उस ओर जिधर से आती है आवाज
पता नहीं कैसे
बहुत ही प्यार से बोले गये इन शब्दों से
जोड़ लेता है वह अपने आप को

(4)
छः महीने के छोटे से बच्चे को देखकर
लोग करने लगते हैं
शक्लो-सूरत का मिलान
अलग-अलग तरह के लोग
अलग-अलग तरह की बातें
बेटे के ओंठ
आँखों से लेकर, ललाट तक की होती है तुलना
हम पति-पत्नी में से
जिससे ज़्यादा कर देता है उसका मिलान
उसके मन में खिल उठता है एक गुलाब

(5)
छः महीने से बड़ा होता बेटा
अब धीरे-धीरे झपटने लगा है सब कुछ
जो है उसके सामने वह उसका है
हम उसकी पहुँच से बचाते फिरते हैं
ज़रूरी कागज़ात, रुपये
और सारी पैनी-नुकीली चीज़ें
हम बचाते हैं तो वह खीझता है
बस दिन भर हमारी यही चलती रहती है
खींच तान।

डर लगता है उस औरत के विश्वास से

वह घरेलू औरत
जो अपने गले में एक पार्टी का पट्टा लटकाये
ज़ोर-ज़ोर से नारे लगा रही है उसे देखकर
अच्छा लगता है।
अच्छा लगता है कि चलो कोई तो है, जिसमें
अब भी बचा है विश्वास
विश्वास इस लोकतन्त्र में, इस राजनीति में, और सबसे अधिक
उस आदमी के वायदे में जो बता रहा है
इस दुनिया को स्वर्ग बनाने के तरकीब

उस औरत ने समेट दी है आज
बहुत सबेरे ही अपनी रसोई और
छोड़ दिया है अपने पड़ोसी के घर अपने
आठ महीने का बच्चा
उस औरत के पति को आज नहीं मिलेगी वह बहुत देर तक
जब वह लौटेगा अपनी चौकीदारी से
वह आज अपने ही हाथों से निकालेगा सुराही से पानी
पड़ोस से ले आएगा अपना बच्चा
उबाल लेगा दूध और
इस तरह अपनी उस घरेलू पत्नी के विश्वास में मिला देगा
अपना भी विश्वास

वह पैंतीस-सैंतीस वर्षीय औरत कितना जानती है
लोकतन्त्र का मतलब, नहीं मालूम

एम.एल.ए., एम.पी., प्रधानमन्त्री,
आर्थिक विकास दर, सैंसेक्स, विकास के लिए निकलनेवाले फंड
कितना जानती है वह, नहीं मालूम
लेकिन इन सब जानकारियों से ऊपर है उसका विश्वास कि
एक दिन बदल जाएगा सब कुछ
और सँवर जाएगी यह बीमार दुनिया

दुनिया के इस सँवर जाने में है
उसकी गली का बन जाना
पीने के पानी का आ जाना
उसकी थाली में सूर्य की रोशनी का एक टुकड़ा
और सबसे अधिक
उस गली और नाले के बन जाने से
बजबजाते कीड़ों के उस घर में प्रवेश का बन्द हो जाना

आज रात जब सोएगी वह औरत
उस पति के साथ जिसकी टाँगें अकड़ गयी हैं
दिन भर चौकीदारी करते और जिसे
पहुँच जाना है कल फिर कारखाने
सुबह के आठ बजे
उसे दिखेगा अपने सपने में हँसते हुए लोगों का जत्था
कई हृष्ट-पुष्ट बच्चे और बच्चों की किलकारियाँ
और सबसे आश्चर्य यह है कि इन किलकते बच्चों में
वह ढूँढ़ लेगी आज अपने उस बच्चे को भी जिसकी
दिन के उजाले में गिनी जा सकती हैं
फेफड़े की हड्डियाँ

उस औरत से मैं दूर-बहूत दूर भाग जाना चाहता हूँ
दूर इतना कि न दिखे उसकी पतली परछाईं
उसका चेहरा, उसका वजूद
और अन्ततः उसका विश्वास
मैं चाहता हूँ यह भी कि न दिखे अब फिर कभी
उस जैसी विश्वासी कोई औरत।

पिता की तस्वीर की जगह

जब पिता की मृत्यु हुई थी
और जब उनकी अधेड़ उम्र की लाश
घर के आँगन में पड़ी थी
तब किसी ने भी यह सोचा नहीं था कि
ज़िन्दगी में एक दिन ऐसा भी आएगा जब हम उन्हें भुला देंगे
पिता के बगैर भी क्या हम ज़िन्दा रह सकते हैं
ऐसा माँ के साथ हम सब बच्चे तब सोचा करते थे
तब बहुत दिनों तक हमें पिता बहुत याद आये थे

पिता का वह आराम कुर्सी पर झूलना
पिता का गमछा
पिता की घुड़की
पिता की वह खामोशी
रोज़ सुबह-सुबह नीम का पानी
पिता की आँखों के डर से ही हम बच्चे पीते थे
उनका वह रोज़ दही से लस्सी बनाना
और अपनी पीठ पर हम बच्चों को बैठाना
पिता जब जीवित थे सब्जी में कभी नमक कम नहीं हुआ
और न ही कम हुई माँ के चेहरे की मुस्कराहट

पिता के निधन के बाद
सबसे पहले हवा में पैठे जीवाणुओं ने हम पर हमला किया
फिर चापाकल से पानी की धार छोटी पड़ने लगी
हमारे घर की चौहद्दी छोटी हुई

हमारा बचपन तब खेलने में कम
खुली हवा से साँस लेने लायक कणों को चुनने में ज़्यादा बीता
तब पिता बहुत याद आए जब
माँ ने अपना वह आखिरी गहना बेच दिया
जिसे मेरे कंजूस पिता ने माँ के रूठने पर बनवा दिया था

पिता का सामान धीरे-धीरे घर से विस्मृत होता चला गया
पिता का दाँत खोदनेवाला ख़ैरका
पिता का गमछा
पिता के बहीखाते
और फिर उनकी वह नायाब जादू की डिब्बी
जिसमें वे एक नया, दू नया पैसे के साथ-साथ
ताबीज, चूरन, कीलें और न जाने क्या क्या रखा करते थे

हमारा घर छोटा होता चला गया
हमारा बचपन खत्म होता चला गया
और पिता का सामान लुप्त होता चला गया
ज़्यादा दिन नहीं बीते जब
पिता हमारे साथ सिर्फ उस तस्वीर में रह गये
जो हमारे बैठकवाले कमरे में टँगी थी

उस तस्वीर में पिता जिस कुर्सी पर बैठे हैं
वह कुर्सी हमें पिता के जीवित समय
और उनकी जीवन्तता की बहुत याद दिलाती है
उस तस्वीर से झाँकती पिता की आँखें
हमें पिता को भूलने नहीं देती हैं

लगभग साथ-साथ जवान हुई हम तीन बहनों की शादियाँ
माँ के सीने पर एक पत्थर की तरह थीं
वर्ष गुजरते रहे और माँ, पिता की उसी तस्वीर के सामने बैठ
अपनी बेटियों की शादियाँ की दुआएँ माँगती रही
तब हम उस खाली कमरे में माँ को अकेले
छुपकर देखते और पिता को बहुत याद करते

ऐसा लगता जैसे पिता की तस्वीर से देखती वे आँखें
एक दिन सारी समस्याओं का हल ढूँढ लेंगीं

लेकिन लड़ते-लड़ते एक दिन माँ हार गयी
माँ ने अपने ही हाथों से उस तस्वीर को
घर के कबाड़ हिस्से में यह कहते हुए डाल दिया कि
मृत व्यक्ति की तस्वीर टँगने से नये रिश्ते नहीं जुड़ते
तब माँ बहुत कठोर थी
और हम पस्त हो चुके थे

पिता के सामान के बाद
पिता की आखिरी तस्वीर के हटने ने
अब हमारी ज़िन्दगी से लगभग पिता को बाहर कर दिया था

शायद माँ ठीक थी
नये रिश्ते बने
घर समृद्ध हुआ
घर की चौहद्दी फिर बढ़ने लगी
लेकिन पिता फिर कभी उस घर में जगह नहीं पा पाये
माँ ने नये रिश्तों की दुहाई में पिता को जो घर निकाला दिया
वह कभी खत्म नहीं हो पाया
इस नये घर में
जिसमें फर्नीचर का काम पाश्चात्य शैली का है
उसमें भी पिता की तस्वीर की कोई जगह नहीं है।

अब बस

वह धरना, वह भीड़, वह आन्दोलन
उस धरने में ढेर सारी ध्वनियाँ
ढेर सारे जज़्बात
उसी भीड़ के बीच में दिखती है वह लड़की
और लड़की के हाथ में दिखता है वह पट्टा
जिस पर लिखे हैं सिर्फ दो शब्द
'अब बस'
और आँखें ठहर जाती हैं

आँखें ठहर जाती हैं क्योंकि
अब जो माहौल है हमारे देश का उसमें
ये शब्द ही हैं सबसे ज़्यादा मौजूँ
सबसे ज़्यादा मानीख़ेज

ये दो शब्द जिन्हें
उस लड़की ने अपने हाथ में उठाये पट्टे पर लिखकर
टाँग दिया है इस लोकतन्त्र की खूँटी पर
एक ठोस निर्णय की तरह
तब लगता है ये दो शब्द महज दो शब्द नहीं हैं

'बस' इस विद्रोही स्वर से आगे जाकर
आखिर उस लड़की को क्यों लिखने पड़े
'अब बस' जैसे यन्त्रणा के दो शब्द
यह हममें से ऐसा कौन है

जो नहीं बूझता है
और हममें से कौन ऐसा है
जो नहीं चाहता है लिख देना यहाँ-वहाँ
इन दो शब्दों को
इस दीवार पर, उस दीवार पर
इस सड़क पर, उस सड़क पर और यहाँ तक कि
उन गोल-गोल पायों पर भी
जिस पर कि टिका है हमारा लोकतन्त्र

कब लिखे होंगे उस लड़की ने ये दो शब्द
कब सोचे होंगे उस लड़की ने ये दो शब्द
क्या ठीक उस वक्त
जब वर्षों शासन करनेवालों की तरफ से एक आदमी अचानक
उठकर कहने लग गया होगा कि
इस देश में बहुत है अराजकता
बहुत है महँगाई
बहुत है गरीबी
बहुत हैं यहाँ बह रही हवा में जहरीले कण
और फिर अपनी खीसें निपोर कर कहा होगा उसने
कि हम बदल देंगे सब कुछ
बदल देंगे हवा के इस रुख को
बादल के टुकड़े को खिसका देंगे वहाँ तक
जहाँ नहीं पानी की एक भी बूँद
या फिर धूप के टुकड़े को अपने कोबा में भरकर
रख आएँगे वहाँ जहाँ नमी है बहुत

या फिर तब
जब एक आदमी ने कहा होगा आकर
कि तय क्यों नहीं कर लेते तुम अपनी अस्मिता
यह देश तुम्हारा था और तुम्हारा ही रहेगा
यह धरती, यह आसमान
यह नदी, यह रेगिस्तान सब तुम्हारा है
तुम्हारे हिस्से का ही है यह बादल

या फिर तब जब कहा होगा उसने कि
क्यों ढूँढ़ते हो तुम उन हत्यारों को
जिनका कोई नाम नहीं है, रूप नहीं है
जिनका कोई आकार नहीं है
क्यों चाहते हो कि हर हत्या को माना ही जाए एक जघन्य हत्या
क्यों चाहते हो कि हर हत्यारा सुन ले अपने ज़मीर की आवाज
और कर ही ले अपना जुर्म कबूल
यहाँ बोले जा रहे हर शब्द पर अधिकार है तुम्हारा
यहाँ बोले जा रहे हर शब्द का अर्थ है तुम्हारा
यहाँ कोई शब्दकोश नहीं है बस वह है
जो तुम चाहते हो

यह कितना अच्छा है कि उस लड़की ने
नहीं माना कोई आश्वासन
और लिख दिए ये दो शब्द सबसे बड़े प्रतिरोध की तरह
ज़रूरी यह है कि हम इस प्रतिरोध को लेते रहें हमेशा
एक ठोस निर्णय की तरह
हमेशा, हरदम, हरपल
क्योंकि जब तक हम ज़िन्दा रखे रहेंगे
इन दो शब्दों को अपने भीतर
तब तक हमारे भीतर भी जलती रहेगी वह आग
जो इन दो शब्दों को लिखते वक्त रही होगी
उस लड़की के दिल में
या वह आग जो है इन दो शब्दों के ठीक-ठीक भाष्य में।

लड़कियाँ साँस ले रही हैं और जीवित हैं

धरती की सारी लड़कियाँ
कमरे में बन्द हैं
कमरे में एक छोटी खिड़की है
और एक दरवाज़ा
कमरे की छोटी खिड़की लकड़ी के पट्टे से बन्द है
दरवाज़े पर टिकी हैं सख़्त निगाहें

खिड़की और दरवाज़े की दरारों से छनकर
आ रही रोशनी को देखती हैं लड़कियाँ
और अन्दाजा लगाती हैं दिन और रात
सुबह और शाम के ढलने और उगने की प्रक्रिया
लड़कियाँ चाहती हैं उन दरारों से निकलकर
फुर्र से उड़ जाना दूर आसमान में
पर वे उस कमरे में बन्द हैं

दरवाज़े पर टिकी सख़्त निगाहें जिनकी हैं
वे खुश हैं
वे बैठ रहे हैं, उठ रहे हैं, खा रहे हैं
चल रहे हैं, सो रहे हैं,
वे मौज कर रहे हैं और जीवन जी रहे हैं
उन्हें उन लड़कियों की फ़िक्र नहीं है
उनकी धीमी आवाज वे सुन नहीं पाते हैं
उनकी सिसकियों को वे समझ नहीं पाते हैं
वे सिर्फ जानते हैं

लड़कियाँ जीवित हैं

दरवाज़े पर टिकी हैं जिनकी सख़्त निगाहें
उनका चेहरा सख़्त नहीं है
उनका चेहरा पत्थर का नहीं है
उनके चेहरे को इस समाज से अलग करना सम्भव नहीं है

लड़कियाँ कमरे के भीतर बन्द हैं
और भीतर ही भीतर जवान हो रही हैं
वे कमरे के भीतर ही बूढ़ी हो जाएँगी
लड़कियों का कमरा एक बार बदला जाएगा
यहाँ से वहाँ
लेकिन इसका अहसास उन्हें नहीं होगा
या नहीं होने दिया जाएगा
वे बस देखती रहेंगी
दरारों से आनेवाली रोशनी की धार

लड़कियाँ साँस लेती रहेंगी
और जीवित रहेंगी
लड़कियाँ अपनी धड़कनों को महसूस करेंगी
और जीवित रहेंगी

लड़कियाँ कमरे में बन्द हैं
और कमज़ोर हो रही हैं
वे दो क़दम चलती हैं और बैठ जाती हैं
वे खड़ी होती हैं और दीवार को पकड़ लेती हैं
वे पत्ते पर ओस की बूँद के गिरने की आवाज सुनती हैं
और काँप जाती हैं
लड़कियाँ कमरे में बन्द हैं और साँस ले रही हैं
लड़कियाँ जीवित हैं

लेकिन लड़कियों के मन के भीतर भी
पूरी एक दुनिया है

पूरा एक समन्दर
उस समन्दर में हैं सुनहरी मछलियाँ, केकड़े और सीप
सीप में है मोती

लड़कियाँ अपनी दुनिया में उबल रही हैं
लड़कियाँ अपनी धड़कन को महसूस कर रही हैं
लड़कियाँ एक दिन इस कमरे में सुराख कर देंगी
और अपने शरीर को एक पतली डोर बनाकर एक दिन
उस सुराख से बाहर भाग जाएँगी
बाहर वे रचेंगी एक नयी दुनिया

लड़कियाँ उस कमरे से भाग जाएँगी
क्योंकि उन्होंने सीख लिया है अपने शरीर को पतली डोर में बदलना
उन्होंने शुरू कर दिया है अपनी धड़कनों को सुनना

जिस दिन लड़कियाँ उस बन्द कमरे से भाग जाएँगी
इस धरती पर एक प्रलय होगी
समुद्र का पानी मीलों उछाल भरेगा
हवा बहुत तेज़ होगी
लेकिन ठीक उसी दिन, उसी क्षण
धरती बहुत सुकून महसूस करेगी
क्योंकि यह धरती, यह हरियाली सब लड़कियों के साथ हैं

यह सोचा जाना चाहिए कि
जिस दिन लड़कियाँ भाग जाएँगी
उस दिन यह दुनिया कितनी रंगीन हो जाएगी

पर लड़कियाँ अभी कमरे में बन्द हैं
और साँस ले रही हैं।

पहचान

(उत्तर पूर्वी इलाके के नीडो तानिया की हत्या को ध्यान में रखकर हाशिये की सभी अस्मिताओं के लिए)

वे जिन्हें रहना पड़ रहा है इस देश में
छुपाकर अपनी पहचान
या जिन्हें बनना पड़ रहा है अपनी पहचान के साथ यहाँ
हँसी के पात्र
उनसे कहा जा रहा है कि इस लोकतन्त्र का सम्मान करो
उनसे कहा जा रहा है कि यह देश
यह शहर, यह हवा, ये सड़कें, ये फिजाएँ, यहाँ की राजनीति
सब तुम्हारी है
इसे तुम शिद्दत से प्यार करो

जिन्हें छुपाकर रहना पड़ता है अपनी पहचान
वे अकसर चुप रहते हैं
कम बोलते हैं
वे सकुचाये रहते हैं
उनकी आँखें होती हैं अकसर थोड़ी सहमी हुई-सी

वे चलते हैं और ठिठक जाते हैं उनके पाँव
बोलते हैं और गले में उलझ जाती है आवाज
वे देखते हैं धूल के कण
वे देखते हैं पानी के बुलबुले
वे देखते हैं सड़क पर तेज़ रफ्तार से आती हुई गाड़ियाँ
और वे चुप रहते हैं

वे चुप रहते हैं तब उनसे की जाती है उम्मीद
कि वे अन्याय का करें प्रतिकार
हत्या को कह दें हत्या
बीच चौराहे पर हुई हत्या के हत्यारों की
कर लें पहचान
बीच चौराहे पर हो रही बेइज़्ज़त उस लड़की के बचाव में
वे भी उतरें उसी तरह ठोस रूप में
परन्तु वे अभी चुप हैं
उनके हौसले कमज़ोर पर रहे हैं
गर्म जमीन पर रखने से जल रहे हैं अभी उनके तलुवे

इस देश की इतनी बड़ी संख्या को
किसने बनाया इतना चुप्पा
किसने मारा उनकी अन्दर की शक्ति को
किसने दबाया उनकी आवाज को
किसने ठिठका दिया है उनके पाँव को

ऐसा नहीं है कि नहीं जानते हैं वे
या कि कम जानते हैं वे
यहाँ की सड़कों में पड़ने वाले गड्ढों की तासीर
धतूरों के फल में उगनेवाले काँटों का तीखापन
या फिर कि पैर में कच्चे कोलतार का यूँ चिपकना
ऐसा कुछ भी नहीं है कि
वे जानते हैं हमसे कम
या फिर ऐसा भी नहीं है कि उनकी रगों में
बहनेवाले खून में कम है उबाल

लेकिन उनके हर उबाल, हर शक्ति के सामने
आकर खड़ी हो जाती है उनकी भाषा
उनका चेहरा
उनके बाल
उनकी नाक
उनके कान

यहाँ तक कि उनकी मुस्कराहट
और तब सामने दिखने लगता है अट्टहासों का एक पहाड़
सामने दिखता है एक हुजूम
और हुजूम की उनकी ओर उठी हुई ढेर सारी उँगलियाँ

वे जो सहमे, ठिठके हुए खड़े हैं
वे तेज़ बारिश का इन्तज़ार कर रहे हैं
वे इन्तज़ार कर रहे हैं एक अच्छे मौसम का
वे कोयल की कूक का इन्तज़ार कर रहे हैं
वे इन्तज़ार कर रहे हैं ढेर सारे रंग-बिरंगे फूलों का

एक दिन यह सब होगा
तेज़ बारिश
सुहावना मौसम
कोयल की कूक
और ढेर सारे रंग-बिरंगे फूल
तब उनकी मुट्ठियाँ कस जाएँगी
नसें फूल जाएँगी और तब
उनकी अट्टहासों से गूँज जाएगी यह प्रकृति
तब सचमुच उनके चेहरे का आत्मविश्वास
हमें बहुत अच्छा लगेगा।

प्रेम में

(1)
प्रेम में पड़कर भागी हुई लड़की
अब लौट आयी है अपने उसी प्रेमी के साथ
जिससे उसने अब विवाह कर लिया है
प्रेम में पड़कर भागी हुई लड़की के चेहरे पर है
ढेर सारी लाली
उसके हाथों में हैं ढेर सारी चूड़ियाँ
और आँखों में है अपने प्रेम पर पूरा भरोसा
वह लौट आयी हुई लड़की बहुत सन्तुष्ट है
नहीं समझती है आँखें चुराने का कोई कारण
न ही देती है किसी को कुछ कहने-सुनने का मौका
नहीं मानने देती है अपने भागने के फैसले को किसी तरह गलत
उस लौट आयी हुई लड़की के माँ-पिता
अभी आँखें चुरा रहे हैं
वह लड़की भरे बाज़ार में सौदा-सुलफ खरीद रही है।

(2)
प्रेम में डूबी हुई लड़की
ढूँढ़ती है घर का एक कोना
छत का एक कोना
या दुनिया का एक कोना
प्रेम में डूबी हुई लड़की ढूँढ़ती है एकान्त
एकान्त सभी आवाजों से
या फिर सभी दृश्यों से

प्रेम में डूबी हुई लड़की भीड़ में रहकर भी नहीं है यहाँ
प्रेम में डूबी हुई लड़की के चेहरे पर है एक खुशी
प्रेम में डूबी हुई लड़की के चेहरे पर है एक सन्तुष्टि
प्रेम में डूबी हुई लड़की की आँखों में आँसू है
या फिर कुछ ख़्वाब
प्रेम में डूबी हुई लड़की छत के कोने पर अँधेरे में
दुबक कर खड़ी है और
अपने मोबाइल से धीमे-धीमे बात कर रही है
प्रेम में डूबी हुई लड़की अपने मोबाइल को
अपने से नहीं होने देती है एक पल भी जुदा।

(3)
प्रेमी-प्रेमिका का वह जोड़ा
जिनके होंठ एक-दूसरे में गुँथे हुए हैं
वे बेखबर हैं
उन्हें नहीं है मालूम इस वक्त हवा की सरसराहट
पृथ्वी का अपने अक्ष पर घूमना
पेड़ से शहद की बूँद का टपकना
भरी दोपहर में धूप के कण का गिरना
पेड़ की पत्तियों का जड़ से अपना भोजन खींचना
यहाँ तक कि बिल्ली का दुबक कर उनके सामने बैठे रहना
कुछ भी पता नहीं चल रहा
बिना हिले-डुले जैसे सब कुछ रुका हुआ है
या फिर वे रुके हुए हैं
थम गयी है धरती, थम गये हैं वे
लेकिन तभी मोबाइल की घंटी बज गयी।

(4)
तुम जब अभी अपनी ड्यूटी पर गयी हो
मैं घर पर तुम्हें याद कर रहा हूँ
याद कर रहा हूँ तुम्हारी आवाज को
तुम्हारी उपस्थिति को
याद कर रहा हूँ सब कुछ

तुम्हारा दुलराना
तुम्हारा नितराना
तुम्हारी आइस्क्रीम की ललक
तुम्हारा मेरे चाय के कप में बिस्कुट डुबो कर खाना
याद कर रहा हूँ तुम्हारी मेरी आँखों में सुन्दर दिखते रहने की तड़प
याद कर रहा हूँ तुम्हारा मेरे सीने से लगना
तुम्हारी बाँहों का घेरा
तुम्हारे होठों की छुअन
तुम्हारी यादें मुझे परेशान करती हैं
मैं अपने मोबाइल की स्क्रीन पर तुम्हारे मुस्कराते चेहरे को देख रहा हूँ।

(5)
आज जब हम दूर हैं
मैं बार-बार तुम्हारे मोबाइल पर घंटी बजा रहा हूँ
तुम्हारा कुछ पता नहीं
तुम्हारे मोबाइल पर मेरे नम्बर का दिखना
और उसके टिके रह जाना
मेरे भीतर कोई संशय नहीं रहने देता

मैं जानता हूँ तुम मुझसे अब बहुत दूर जा चुकी हो।

बड़ी हो रही है उसकी नफ़रत

हम आज यह जान लें कि
लाल बत्ती पर अपने करतब दिखानेवाला वह बच्चा
एक दिन बड़ा होकर पूछेगा सवाल

वह पूछेगा वोट डालने का मतलब
वह पूछेगा धूल के नाक से फेफड़े में घुसने से
होने वाली बीमारी का नाम
वह माँगेगा अपने बचपने का हिसाब
वह पूछेगा इस देश को प्यार करने का कारण

वह धूल में सना हुआ
करतब दिखाता भूखा बच्चा एक दिन बड़ा हो जाएगा
साथ ही बड़ी हो जाएगी उसकी नफ़रत

सम्भव है वह सीख ले साँपों को पकड़ना
और उसके विष के दाँतों को तोड़ना
सम्भव है उसके हाथ में इन्हीं करतबों से आ जाए
एक बेमिसाल जादू और फिर वह
इस तेज़ भागती दुनिया को कर दे एक जगह स्थिर
सम्भव है चलाना सीख ले वह गुलेल
और हो जाए उसका निशाना एक़दम पक्का
सम्भव कुछ भी है
निशाना पक्का हो तो उसके हाथ में
आ सकता है और भी कुछ

हम उसे लाल बत्ती पर देखते हैं
और मुँह फेर लेते हैं
लेकिन एक दिन वह बड़ा होगा
और खूँखार हो जाएगा
तब आप उसे अदेखा नहीं कर पाएँगे

वह आपकी लम्बी गाड़ी के काँच को
तोड़ देगा पत्थर के एक वार से।

भ्रम

वह मुझसे प्रेम नहीं करती है
मैं भी उससे प्रेम नहीं करता हूँ लेकिन
इस सच को जानते हुए भी कभी-कभी
इस भ्रम में रहना कितना अच्छा लगता है कि
उसकी आँखें मुझको देखती हैं।

अपने ही पाँव के निशान

मेरे गाँव की धूल भरी राह की
एक खासियत यह थी कि उस पर
मेरे पाँव के निशान बहुत देर तक जमे रहते थे
जहाँ आगे बढ़कर, पीछे मुड़कर
हम अपनी आड़ी-तिरछी चाल की खबर पा सकते थे

परन्तु शहर की पक्की-चमचमाती सड़कों पर
न तो हमें धूल मिलती है
और न ही उस पर पाँव के निशान
और न ही निशान पड़ने की सम्भावना ही
यहाँ सम्भावना की तलाश की होड़ बहुत बड़ी है
बहुत बड़ी है यहाँ
अपने हिस्से की धूप तलाश करने की कवायद
बहुत बड़ी है यहाँ
अपने हिस्से की हवा, पानी और धूल ढूँढ़ने की कोशिश
लेकिन सबसे बड़ी है यहाँ
अपने हिस्से का सब कुछ समेट लेने की लालसा

वर्षों से यहाँ भटक रहा हूँ मैं
परन्तु यहाँ कहीं नहीं मिलते अपने ही पाँव के निशान
कहीं नहीं मिलती पीछे छोड़ आयी उन सड़कों पर
अपनी कोई भूल-गलती या फिर
प्यार की ही दो-एक अच्छी-भली बातें

यहाँ कुछ नहीं मिलता
अपने पीछे कुछ नहीं मिलता
क्योंकि यहाँ पक्की सड़क है
जहाँ धूल नहीं है और जहाँ
अपने निशान की कोई सम्भावना भी नहीं है।

छोटी बातों पर प्रधानमन्त्री

मैं कई बार सोचता हूँ कि
कितना अच्छा होता कि हमारे प्रधानमन्त्री
कभी-कभी छोटी-छोटी बातों पर हमसे रू-ब-रू होते
हम साथ बैठते और वे हमसे और हम उनसे पूछते
घर का हाल
उनकी तबीयत
उनके सुख ही नहीं उनके मन के भीतर बैठे
उनके दुख का भी हाल

हम यूँ ही साथ बैठते
और यूँ ही करते हँसी-ठट्ठा
बाँटते आपस में छोटी-छोटी ख़ुशियाँ
वह हमसे पूछते कि बिटिया सुबह इस कड़ाके की ठंड में
स्कूल जाते वक्त क्या जग जाती है नींद से
आठ महीने की छोटी बिटिया ने क्या निकाल लिये
कोंपल जैसे अपने दाँत
हम उनसे पूछते कि इस बात में कितनी सच्चाई है कि
वे जो खाना खाते हैं तो क्या वाकई वे चखे जाते हैं
कई लोगों द्वारा कई-कई बार

वे चाहते तो हमें दिखाते अपनी कुर्सी, अपना बिस्तर
और अपनी वह कलम जिससे उन्होंने किए हैं दस्तख़त
कई कई ज़रूरी कागज़ातों पर
अपने घर पर खुश होकर हम दिखाते उन्हें अपनी गुल्लक

अपनी हवा, अपना पानी
और अपनी पत्नी के चेहरे की हलकी-सी मुस्कान

प्रधानमन्त्री इस देश के सबसे व्यस्ततम नागरिक हैं
इसे स्वीकार करने में हमें कोई सन्देह नहीं है
परन्तु सोचने को यह सोचा जा सकता है कि
कितना अच्छा होता अगर
प्रधानमन्त्री कभी चुपके से आ जाते
मेरी बिटिया के तीसरे जन्मदिन पर
और मेरी बिटिया से तोतली आवाज में कहते
हमें भी तो अपनी लेलगाड़ी दिथाओ
या कभी शरीक ही हो जाते हमारी बहन की शादी में बिन बताये

हमारे लोकतन्त्र का मुखिया
यूँ हमारी छोटी-छोटी खुशियों में शरीक हो जाए
इस लोकतन्त्र में ऐसा सोच लेना भर भी कितना सुखद है
लेकिन इसे आप तब ज़्यादा महसूस करेंगे
जब आप इसे एक ख़्वाब का बिम्ब देंगे

मैं अखबारों में, टीवी पर रोज़ देखता हूँ
कई-कई ऐसी खबरें कि कोई जूझ रहा है
अपने ही वजूद से, कि कैसे कोई गिरता ही चला जा रहा है
अपने बच्चों के पेट को पालने के लिए
अब मैं अपने गाँव की मनिया की ही क्या सुनाऊँ
कैसी नरकंकाल-सी हो गयी है भूख से
अपने पति और अपने बच्चों के मरने के बाद
मैं कई बार सोचता हूँ न सही मनिया
किसी के साथ तो कभी अचानक से आकर खड़े हो जाएँ प्रधानमन्त्री

कितना अजीब लगेगा उस दिन
जब न्याय के लिए दर-दर भटकती उस लड़की के साथ
प्रधानमन्त्री अपनी आवाज मिला दें और कहें
तुम्हारी आवाज दूर तलक पहुँचनी ही चाहिए

तभी बचेगा साबुत यह लोकतन्त्र

कितना अजीब लगेगा जब अपने पूरे कार्यकाल में
प्रधानमन्त्री कम-से-कम एक बार इस बात को भूलकर
निर्णय ले लें कि इस निर्णय से
कितना फ़र्क पड़ता है उनके वोट बैंक पर
कम-से-कम एक बार कह दें
कि यह कुर्सी सिर्फ इसलिए नहीं है कि हम बने रहें सौदागर
कम से कम एक बार कह दें
कि बिग एप्पल के सामने ठेला लगाये बैठी
उस उदास औरत की उदासी का हक उसे मिलना ही चाहिए
कम से कम एक बार कह दें
कि अगर इस बार खेत में प्याज की पैदावार ज़्यादा हुई
तो हम उसे सड़ने नहीं देंगे खेत में
और दबने नहीं देंगे किसानों के ख़्वाबों को
मिट्टी के बहुत नीचे

कितना अजीब लगेगा
कितना अजीब लगेगा यह सब
लेकिन मैं जानता हूँ यह सब कविता में ही सम्भव है
मैं यह भी जानता हूँ कि आप पढ़ेंगे इस कविता को
और कहेंगे पता नहीं क्या क्या लिखते हैं
आज के कवि अपनी कविता में
आप कहेंगे ऐसा कुछ क्या
इसका एक पसंगा भी नहीं होनेवाला अब इस देश में।

बुजुर्ग पिता के झुके कन्धे हमें दुख देते हैं

मेरे सामने पिता की जो तस्वीर है
उसमें पिता एक कुर्ते में हैं
पिता की यह तस्वीर अधूरी है
लेकिन बगैर तस्वीर में आये भी मैं जानता हूँ कि
पिता कुर्ते के साथ सफेद धोती में हैं
पिता ने अपने जीवन में कुर्ता-धोती को छोड़कर भी
कुछ पहना हो मुझे याद नहीं है
हाँ मेरी कल्पना में पिता
कभी-कभी कमीज और पैंट में दिखते हैं
और बहुत अजीब से लगते हैं

मेरी माँ जब तक जीवित रहीं
पिता ने अपने कुर्ते और अपनी धोती पर से
कभी कलफ को हटने नहीं दिया
लेकिन माँ की जबसे मृत्यु हुई है
पिता अपने कपड़ों के प्रति उदासीन से हो गये हैं

ख़ैर उस तस्वीर में पिता अपने कुर्ते में हैं
और पिता के कन्धे झूल से गये हैं
उस तस्वीर में पिता की आस्तीन
नीचे की ओर लटक रही हैं
पहली नज़र में मुझे लगता है कि पिता के दर्जी ने
उनके कुर्ते का नाप गलत लिया है
परन्तु मैं जानता हूँ कि यह मेरे मन का भ्रम है

उनके कन्धे वास्तव में बाँस की करची की तरह
नीचे की तरफ लटक ही गये हैं

पिता बूढ़े हो चुके हैं इस सच को मैं जानता हूँ
लेकिन मैं स्वीकार नहीं कर पाता हूँ
मैं जिन कुछ सचों से घबराता हूँ यह उनमें से ही एक है

एक वक्त था जब हम भाई-बहन
एक-एक कर पिता के इन्हीं मजबूत कन्धों पर
मेला घूमा करते थे
मेले से फिरकी खरीदते थे
और पिता के इन्हीं कन्धों पर बैठकर
उसे हवा के झोंकों से चलाने की कोशिश करते थे
तब हम चाहते थे कि पिता तेज चलें ताकि
हमारी फिरकी तेज़ हवा के झोंकों में ज़्यादा ज़ोर से नाच सके

हमारे घर से दो किलोमीटर दूर की हटिया में
जो दुर्गा मेला लगता था उसमें हमने
बन्दर के खेल से लेकर मौत का कुआँ तक देखा था
पिता हमारे लिए भीड़ को चीरकर हमें एक ऊँचाई देते थे
ताकि हम यह देख सकें कि कैसे बन्दर
अपने मालिक के हुक्म पर रस्सी पर दौड़ने लग जाता था
हमने अपने जीवन में जितनी भी बार बाइस्कोप देखा
पिता अपने कन्धे पर ही हमें ले गये थे

हमारा घर तब बहुत कच्चा था
और घर के ठीक पिछवाड़े में कोसी नदी का बाँध था
कोसी नदी में जब पानी भरने लगता था
तब साँप हमारे घर में पनाह लेने दौड़ जाते थे
तब हमारे घर में ढिबरी जलती थी
और खाना जलावन पर बनता था
ऐसा अकसर होता था कि माँ रसोई में जाती और
करैत साँप की साँस चलने की आवाज सुनकर

दूर छिटककर भाग जाती
उस दिन तो हद हो गयी थी जब
कड़ाही में छौंक लगाने के बाद माँ ने
कटी सब्जी के थाल को उस कड़ाही में उलीचने के लिए उठाया
और उस थाल की ही गोलाई में करैत साँप
उभर कर सामने आ गया

हमारे जीवन में ऐसी स्थितियाँ तब अकसर आती थीं
और फिर हम हर बार पिता को
चाय की दुकान पर से ढूँढ़ कर लाते थे
हमारे जीवन में तब पिता ही सबसे ताकतवर थे
और सचमुच पिता तब ढूँढ़कर उस करैत साँप को मार डालते थे

हमारे आँगन में वह जो अमरूद का पेड़ था
पिता हमारे लिए तब उस अमरूद के पेड़ पर
दनदना कर चढ़ जाते थे
और फिर एक-एक फुनगी पर लगे अमरूद को
वे तोड़ लाते थे
हम तब पिता की फुर्ती को देखकर दंग रहते थे
पिता तब हमारे जीवन में एक नायक की तरह थे

मेरे पिता तब मजबूत थे
और हम कभी सोच भी नहीं पाते थे कि
एक दिन ऐसा भी आएगा कि पिता इतने कमज़ोर हो जाएँगे
कि अपने बिस्तर पर से उठने में भी उन्हें
हमारे सहारे की ज़रूरत पड़ जाएगी

मेरे पिता जब मेरे हाथ और मेरे कन्धे का सहारा लेकर
अपने बिस्तर से उठते हैं तब
मेरे दिल में एक हूक-सी उठती है और
मेरी देखी हुई उनकी पूरी जवानी
मेरी आँखों के सामने घूम जाती है

मेरे बुजुर्ग पिता
अब कभी तेज़ क़दमों से चल नहीं पाएँगे
हमें अपने कन्धों पर उठा नहीं पाएँगे
अमरूद के पेड़ पर चढ नहीं पाएँगे
और अमरूद का पेड़ तो क्या
मैं जानता हूँ मेरे पिता अब कभी आराम से
दो सीढ़ी भी चढ़ नहीं पाएँगे

लेकिन मैं पिता को हर वक्त सहारा देते हुए
यह सोचता हूँ कि क्या पिता को अपनी जवानी के वे दिन
याद नहीं आते होंगे
जब वे हमें भरी बस में अन्दर सीट दिलाकर
खुद दरवाज़े पर लटककर चले जाते थे
परबत्ता से खगड़िया शहर
क्या अब पिता को अपने दोस्तों के साथ
ताश की चौकड़ी जमाना याद नहीं आता होगा
क्या पिता अब कभी नहीं हँस पाएँगे अपनी उन्मुक्त हँसी

मेरे पिता को अब अपनी जवानी की बातें
याद हैं या नहीं मुझे पता नहीं
लेकिन मैं सोचता हूँ कि
अगर वे याद कर पाते होंगे वे दिन
तो उनके मन में एक अजीब-सी बेचैनी ज़रूर होती होगी
कुछ ज़रूर होगा जो उनके भीतर झन्न से टूट जाता होगा।

जब तुम थी

कितना सामान्य है सब
कुछ भी तो नहीं बदला
सामान्य ही तो है जीवन
मैं और तुम दोनों सामान्य हैं
सामान्य ही तो है
यह दुनिया
सामान्य ही तो है
यह दिन का ढलना
सामान्य ही तो है
यह उठना, बैठना, चलना
हँसना, मुस्कराना
सब सामान्य ही तो है
कोई परिवर्तन नहीं किया
मैंने इसमें
मैंने नहीं बदला दुनिया को
ढलने से नहीं रोका मैंने
दिन को
न मैंने रोका प्रकृति का यह परिवर्तन-चक्र
न ही मैंने रोका
चिड़ियों का चहचहाना
नदी का समुद्र से जा मिलने में भी मैं
कोई बाधा नहीं बना
सब सामान्य ही तो है
और दावा कर सकता हूँ कि

सब सामान्य ही रहेंगे भी
जबकि मेरे पाँव भी अब
जमीन पर ठीक से खड़े नहीं हो पाते
मुझसे यह उम्मीद रखी भी कैसे जा सकती है
कि मैं इसमें कुछ बदलाव कर पाऊँगा
दुनिया भी तो मैं
तब ही बदल सकता था
जब तुम थी
प्रकाश था जीवन में
सच कहूँ तो अब
कोई दुनिया ही नहीं है जीवन में
जिसे में बदल सकूँ।

सचमुच

वे जो,
चिन्तित रहते हैं
अपनी ज़िन्दगी को लेकर

क्या इस समय में
वे सचमुच
जी पाएँगे अपनी पूरी ज़िन्दगी।

अपनी मुट्ठी में पिता की उँगली का स्पर्श

बचपन की जिन चन्द स्मृतियों को
मैं या कि आप या फिर कोई भी भूल नहीं सकता है
उनमें एक है अपनी मुट्ठी में पिता की उँगली का स्पर्श

पिता की उँगली पकड़कर बचपन में घूमा करते थे हम
पूरे गाँव भर में
उनकी उँगली पकड़कर हमने अपने गाँव में खाये ढेर सारे भोज
सुनी ढेर सारी पंचयतियाँ
उनकी उँगली पकड़कर ही हम भाई-बहनों ने
एक-एक कर किया था स्कूल में प्रवेश
पिता की उँगली पकड़ ही जाते थे हम अपने खेत पर
और वहाँ देखा करते थे मटकुईया
बहुत ही डर के साथ
उनकी उँगली पकड़कर ही करते थे हम पुल को पार
जिसके नीचे दहाड़ के साथ बहती थी बूढ़ी गंडक नदी

पिता ने अपनी उँगली पकड़ाकर ही सिखाया था
हम भाई-बहनों को नदी के जल में धीर-धीरे उतरना
पिता ने अपनी उसी उँगली से हमें दिखाया था
सूरज, चाँद, पेड़, पौधे, चिड़िया, आसमान
और सबसे ज़्यादा बाँध पर खड़े होकर
नदी का उफान

पिता ने अपनी उसी उँगली को सामने करके

दी थी जीवन की सबसे प्यारी नसीहत
कि झूठ के पैर नहीं होते
और यह कि जीवन में कहीं भी पहुँचना चाहिए अपने वक्त से पहले
पहले, भले ही वह ऐन वक्त से थोड़ा ही पहले क्यों न हो

पिता की उँगली को पकड़कर ही
गुजरने की हिम्मत करते थे उस हवेली के सामने से हम
जिसके दरवाज़े पर बने थे दो-दो शेरों के बड़े ही खतरनाक से चेहरे
और जहाँ का राजा अब भी करता था
हाथी की सवारी
उस पोखर की पतली पगडंडियों पर से हम
पिता की उँगलियों के सहारे ही गुजरते थे
जहाँ हमने पहली बार देखे थे
कमल के सफेद सफेद फूल
और अपने बच्चों को बहुत प्यार करनेवाली वे बत्तखें

बचपन में पिता की उँगली ही होती थी
सबसे बड़ा सहारा
पिता की उँगली पकड़े होते थे हम
तो हमें लगता था कि
यह दुनिया कितनी खूबसूरत है
और इस दुनिया में हम कितने सुरक्षित हैं

अब बड़ा हो गया हूँ मैं और बुजुर्ग हो गये हैं पिता
छूट गयी है पिता की उँगली और
इस बेगैरत दुनिया में हो गया हूँ एक़दम अकेला
अब इस बड़े से शहर की भीड़-भाड़ में हूँ
पिता की उँगली के बिना ही
उनके बिना ही हैं यहाँ की फिजाएँ मेरे साथ
उनके बिना ही है यहाँ की रोशनी मेरे साथ
और उनके बिना ही है
यहाँ की अर्थव्यवस्था
यहाँ का चमकीला स्वाद

यहाँ अब जाता हूँ पिता की उँगली के बिना ही
उस बड़े से मॉल के भीतर
जहाँ हैं बड़े बड़े विज्ञापन
चुंधियाती रोशनी
ढेर सारा शोर
और ढेर सारी खामोशियाँ
उस बड़े से मॉल से
बड़ी सी दुकान से जब वापस होता हूँ एक़दम अकेला
तब सबसे ज़्यादा पिता की उँगली ही याद आती है

यहाँ हमेशा ऐसा लगता है कि पिता साथ होते
और साथ होता उनकी उँगली का आसरा
तो शायद साथ चल रहे लोगों पर
हम कर पाते विश्वास
हम निकल पाते ढेर सारे झंझावातों से बेख़ौफ
वह आदमी जो अपने परिवार के साथ
सड़क किनारे खड़ा होकर लगा रहा है मदद की गुहार
और विश्वास दिलाने की कर रहा है कोशिश
कि लूट लिया है लोगों ने उसे
इस बड़े शहर में
होता अगर पिता की उँगली का साथ तो शायद मैं उसे
इस बड़े मायावी शहर का भ्रम नहीं समझता

लेकिन पिता अब बुजुर्ग हो गये हैं
छूट गया है उनकी उँगली का सहारा
उनकी उँगली अब काँपती हुई
एक कमज़ोर उँगली हो गयी है जिससे कि
पान के पत्तों में लगाने के लिए चूने की डिबिया से
ठीक से चूना भी नहीं निकाल पाते वे
ना ही चढ़ा पाते अपनी उस उँगलियों के सहारे
ठीक ठीक अपने कान पर जनेऊ

अब तो हालत यह है कि

पिता के जीवन का मैं नायक हो गया हूँ
यात्रा में पिता होते हैं साथ
साथ होता हूँ मैं तो पिता निश्चिन्त होते हैं
कहते हैं पिता तुम होते हो साथ तो सब सुरक्षित-सा लगता है
कहते हैं यह उम्र चिन्ता करने के लिए नहीं
बस दिन काट भर देने के लिए है
और सचमुच मैं होता हूँ उनके साथ तो वे निश्चिन्त होते हैं
एक पल को भी मैं ओझल होता हूँ पिता से
तो पिता घबरा से जाते हैं।

समूह में

वे जो मारे गये हैं समूह में
उनकी कोई शिनाख्त नहीं है
न ही कोई कसूर
वे थे एकत्रित और करना चाहते थे आवाज को भी एकत्रित
वे जो मारे गये हैं समूह में
उन्हें नहीं मिलेगा मुआवज़ा
न ही कोई पहचान
वे आज खबर में भी हैं समूह में
वे जो मारे गये हैं समूह में
वे समझते थे कि समूह की आवाज से
वे बदल देंगे यह दुनिया
या दुनिया की सोच

वे आज मरे पड़े हैं और दुनिया ठीक वैसी ही चल रही है।

अब निर्णय आपको करना है

यह कैसी विडम्बना है
कि मैं अपनी भाषा में बोलता हूँ और लोग मुझ पर हँसते हैं
मैं अपनी भाषा में लिखता हूँ ।
और लोग मुझको हिकारत की निगाह से देखते हैं

वह समाजशास्त्री सूट-बूट पहन हैट लगा
घूमती है जैसलमेर की रेत की ढूह पर
तस्वीरें लेती है और अँग्रेज़ी भाषा में लिखती है
इस धरती के दुख-दर्द की कहानी
कि क्यों इस रेत में अपना घर बनाते हैं कीड़े
कि क्यों रेत पर गिरनेवाले आँसू सूख जाते हैं छन्न से
वह घूरती है मुझको और कहती है
तुम हिन्दीवाले क्या समझोगे
क्या लिख पाओगे यह दर्द
यह दर्द कोई छोटा-मोटा दर्द नहीं है, यूनिवर्सल है
मेरे सपने में आती है वह विदुषी अपने हाथ में लिये कई सम्मान

मैं लिखता हूँ और लोग हँसते हैं
मैं लिखता हूँ तो लोग कहते हैं दर्द को थोड़ा ऊँचा उठाओ
हो सके तो इस दर्द को यूनिवर्सल बनाओ

वह विदुषी बहुत ही लिजलिजे रूप में मुझे देखकर
मुझसे अपने होठों को चबाकर कहती है
आप अँग्रेज़ी नहीं जानते हैं तो फिर आप ज़िन्दा क्यों हैं?

क्या आपको डर नहीं लगता है यूँ खड़े होने में
वह कहती है नहीं है अधिकार, नहीं है अधिकार
तुम्हें यहाँ ज़िन्दा रहने का

मैं चलता हूँ और सहमा रहता हूँ
मैं बोलता हूँ और डर जाता हूँ
मैं कतार में खड़ा रहता हूँ और लोग कतार तोड़ देते हैं
वे अँग्रेज़ी में बोलते हैं और मैं अपना नम्बर पीछे कर लेता हूँ
पीछे, और पीछे और पीछे
मैं पीछे होता चला जाता हूँ और आगे बढ़ता हुआ आदमी
धीरे-धीरे अँग्रेज़ी में फुसफुसाता है
सब जंगली हैं जंगली

यह देश अजीब विडम्बनाओं का देश है
सरकार का एक वरिष्ठ नेता कहता है कि
इस देश का प्रधानमन्त्री उसे ही होना चाहिए
जो हिन्दी बोलना जानता हो
दूसरी तरफ जो प्रधानमन्त्री बनता है वह हिन्दी जानते हुए भी
अपने पूरे कार्यकाल में एक शब्द भी हिन्दी में नहीं बोलता है

बैंक में कर्ज लेने जाता हूँ
हिन्दी की रक्षा करने का बोर्ड पढ़ता हूँ
खुश होता हूँ
लेकिन अँग्रेज़ी में लिखे पच्चीस पृष्ठों की शर्त दिल दहला देती है
एजेंट कहता है आप पढ़ और समझ लेंगे इन शर्तों को
तो ले ही नहीं पाएँगे कर्ज
हम इस अँग्रेज़ी से आपको नहीं आपके डर को भगाते हैं
एजेंट मचलता है और कहता है क्योंकि डर के आगे ही तो है...कर्ज

बगल में खड़ा बैंक का दरबान
अपने पिचके गालों से निकालता है शब्द
अँग्रेज़ी लिखता है तभी तो किसान आत्महत्या करते हैं
बगल का आदमी मुझसे माँगता है कलम

और मुझसे ही पूछता है आत्महत्या की ठीक-ठीक अँग्रेज़ी
मेरा दिमाग सुन्न हो जाता है
और पता नहीं क्यों तब अँग्रेज़ी का दूसरा ही शब्द
आने लगता है मुझे याद

मैं अपनी उपेक्षा, तिरस्कार और फरियाद लेकर
जाता हूँ प्रधानमन्त्री के पास
प्रधानमन्त्री कहते हैं यह देश तो अब ऐसे ही चलेगा
अब निर्णय आपको करना है
आप चाहें तो ताउम्र बोलते रहें हिन्दी और पागल हो जाएँ
या फिर आप हो जाएँ एकदम से चुप्प
एक़दम चुप्प, बुत से भी ज़्यादा

मैं जाने लगता हूँ तो अपने सुरक्षाकर्मी से
मुझे बुलाते हैं प्रधानमन्त्री
बैठाते हैं और समझाते हैं
आप समझना क्यों नहीं चाहते
हम आपको चमकीली दुनिया दे रहे हैं
और आप लिथड़े रहना चाहते हैं कीचड़ में
गरीब कहाँ नहीं हैं तो क्या अमीर खत्म कर लें अपनी ज़िन्दगी
जिनके पास पैसे हैं उन्होंने क्या गुनाह किया है
कभी सोचा है आपने

प्रधानमन्त्री मुझसे बात करते हैं हिन्दी में
और कहते हैं यह मत समझिएगा कि मुझे हिन्दी नहीं आती
लेकिन हिन्दी से अब ज़िन्दगी चल तो नहीं सकती
और अब जमाना वह नहीं रहा
अब आप अपने मन की करते रहेंगे तो सच मानिए
सिर्फ किनारे ही नहीं कर दिए जाएँगे बल्कि सड़ा दिए जाएँगे

मैं वहाँ से उठ जाता हूँ
तब प्रधानमन्त्री मेरे कन्धे पर रख देते हैं हाथ
कहते हैं 'यंग मेन नाव दिस इज़ नोट योर कंट्री'

प्रधानमन्त्री नज़रें झुका लेते हैं और कहते हैं
किसी से कहना मत कि मैंने आज हिन्दी में बात की है

मैं प्रधानमन्त्री के सामने से बाहर निकलता हूँ
ऐसे जैसे अपने ही देश से बेगाने की तरह बाहर निकल रहा हूँ
मैं निकलता हूँ और तभी
गाँव में बैठा मेरा बटेसर चाचा चीखकर कहता है
नहीं होगी यहाँ कोई क्रान्ति
कुछ नहीं बदलेगा, कुछ नहीं बदलेगा
सबको बेमौत मरना है यहाँ
साले चाहे ऐसे मरो या फिर वैसे।

पागल

वह पागल सड़क पर लिखता चला जा रहा है
ढेर सारे शब्द ऐसे जैसे उसने लिख दिए हों
संविधान के कुछ अनुच्छेद
या उस अनुच्छेद में न हो सकनेवाले संशोधन
पागल सड़क पर लिख रहा है शब्द
ऐसे जैसे उसने लिख दिए हों
लोकतन्त्र की छाती पर कुछ अनसुलझे से प्रश्न

वह क्या लिख रहा है उस सड़क पर
हम बूझ नहीं पाते हैं
लेकिन ऐसा ज़रूर लगता है कि वह ऐसा ज़रूर कुछ है
जो वह नहीं लिख पाया था तब जब वह था ठीक होशो-हवास में
और ऐसा भी ज़रूर लिख रहा है
जो वास्तव में हमें लिख देना चाहिए था बहुत पहले
वह खड़ा होता है उत्तर की ओर
और पूरब की ओर और पश्चिम की ओर
और मुँह करके बुदबुदाता है कुछ खास
तब हम देखते हैं जिस उत्तर या जिस पश्चिम की ओर मुँह करके
बुदबुदा रहा है वह वास्तव में उस ओर ही हमें
दिखने लगते हैं ढेर सारे फड़फड़ाते कबूतर
और उधर ही दिन ढलने लगता है

यहाँ सब शान्त है

परन्तु वह पागल बुदबुदा रहा है
यहाँ सब शान्त है
परन्तु वह पागल जमीन पर लिखे जा रहा है शब्द पर शब्द
वह पागल क्या लिख रहा है
यह पूछना चाहते हैं उस सड़क पर चलनेवाले राहगीर
वह पागल क्या लिख रहा है यह जानना चाहते हैं
पेड़-पौधे, पशु-पक्षी
और यहाँ तक कि यह बर्फीली हवा
वह पागल क्या लिख रहा है यह पूछना चाहता है
वह पाँच साल का बच्चा भी
जिसने सीखा है अभी अभी इन अक्षरों का ज्ञान

वह पागल जो लिख रहा है
वह कोई मोहनजोदाड़ो या चनदूदड़ो की लिपि नहीं है
जिसे नहीं पढ़ा जा सकता है
वह पागल क्या लिख रहा है
वह उसकी लिपि को देखकर नहीं
उसकी आँखों को देखकर समझा जा सकता है

वह पागल वास्तव में जो लिख रहा है
यह हम सब लिखना चाहते हैं
लेकिन एक अर्जी की तरह
एक प्रार्थना की तरह
वह पागल नहीं लिख सकता था अपनी बातों को एक अर्जी की तरह
न ही वह गा सकता था इसे प्रार्थना की तरह
इसलिए वह इस लोकतन्त्र में हाशिये पर है।

मुट्ठी में धूप का टुकड़ा

आठ महीने का बेटा सुबह उठता है
और बिस्तर पर खिड़की से
सीधे आ रहे धूप के कतरे को देखकर चहकता है
वह चहकता है धूप के टुकड़े को देखकर
तो धूप का टुकड़ा और सुनहरा हो जाता है
आठ महीने का बेटा अपनी छोटी मुट्ठी में
धूप के छोटे-छोटे टुकड़ों को पकड़ने की करता है कोशिश
और विफल होता है

मैं कई बार सोचता हूँ
कि कितनी समानता है हम सबमें और उस छोटे से बच्चे में
हममें से कौन है ऐसा जो नहीं है चाहता
नहीं करता ताउम्र कोशिश पकड़ने की
धूप के उन छोटे-छोटे टुकड़ों को अपनी मुट्ठी में
और ताउम्र हम भी होते हैं वैसे ही विफल।

गाँव में पिता बहादुर शाह ज़फर थे

वह मेरे गाँव की आखिरी असफल क्रान्ति थी
जिसमें मेरे पिता की मौत हुई
इसे आप मौत कहें या एक दर्दनाक हत्या

मृत पिता का चेहरा आज भी
मेरी आँखों में जस-का-तस बसा है
वही पथरायी आँखें
वही सफेद चेहरा
चेहरे पर खून का कोई धब्बा नहीं है
किसी अंग की विकृति के कोई निशान नहीं
मेरी आँखों में मक्खियाँ भिनभिनाता
पिता का चेहरा आज भी ठीक उसी तरह दर्ज है

मेरा गाँव, जहाँ थाना नहीं
सड़क नहीं, कोई अस्पताल नहीं, कोई सरकारी दफ्तर नहीं
वहाँ एक क्रान्ति हुई
सोचना बहुत अजीब लगता है
लेकिन वह भीड़, वह हुजूम, वह जनसैलाब
आज सोचता हूँ तो लगता है कितना सुकून मिला होगा
पिता को आखिरी साँस लेने में

मेरे गाँव में अस्पताल नहीं था और लोग जीवित थे
पूरे गाँव में एक धनीराम ही था
जो सुई देता था

चाहे वह गाय-भैंस-बकरी हों या आदमी
लेकिन उस गाँव में बच्चे पैदा होते थे
और किलकारियाँ भी भरते थे
यह सब जिस तरह का विरोधाभास है
उसी तरह मेरे पिता भी अजीब थे

मेरे पिता खेतिहर थे और इतिहास के बड़े जानकार थे
मैंने बचपन से ही उनके खानों में
उनकी जवानी के दिनों की
इतिहास की मोटी-मोटी किताबों को देखा था
पिता सुबह-सुबह हनुमान चालीसा पढ़ते
और मैं गोद में ऊँघता रहता था
रात में पिता इतिहास के गोते लगाते और
हम सब भाई-बहन पिता के साथ
1857 की क्रान्ति की तफ्तीश करने निकल जाते
और फिर उस क्रान्ति की असफलता का अवसाद
इन वर्षों को लाँघ कर
पिता के चेहरे पर उतर आता
पिता गमगीन हो जाते
और पिता की आँखों से आँसू झरने लगते थे

उस गाँव में हवाएँ तेज़ थीं
लेकिन ज़िन्दगी बहुत ठहरी हुई थी
गाँव में बिजली नहीं थी और मैं
पिता को अपने कान में फिलिप्स का रेडियो लगाये
हर रोज़ देखा करता था
उस रेडियो पर पिता ने चमड़े का एक कवर चढ़ा रखा था
जिसे वे बंडी कहते थे

उसी रेडियो पर पिता ने
इन्दिरा गाँधी की हत्या की खबर सुनी थी
उसी रेडियो पर पिता ने
राजीव गाँधी की हत्या की भी खबर सुनी थी

आज पिता जीवित होते तो देश से जुड़ने का सहारा
आज भी उनके पास रेडियो ही होता
वह रेडियो आज भी हमारे पास है
और आज भी घुप्प अँधेरे में बैठकर हम
उसी रेडियो के सहारे
इस दुनिया को भेदने की करते हैं कोशिश

पिता के साथ मैं खेत जाता
और वहाँ मेरा कई देशी उपचारों से साबका पड़ता
पिता का पैर कटता और मिट्टी से उसे ठीक होते मैंने देखा था
गहरे से गहरे घाव को मैंने वहाँ
घास की कुछ खास प्रजाति के रस की चन्द बूँदों से ठीक होते देखा था
दूब का हरा रस टह-टह लाल घाव को कुछ ही दिनों में
ऐसे ग़ायब कर देता जैसे कुछ हुआ ही नहीं था

वह हमारा गाँव ही था जहाँ
बच्चों के जन्म के बाद उसकी नली
हसुए को गर्म कर उससे काटी जाती थी

पिता जब तक जीवित रहे माँ बच्चा जनती रही
माँ ने ग्यारह बच्चे पैदा किए थे
जिनमें हम तीन जीवित थे
आठ बच्चों को पिता ने अपने हाथों से दफनाया था
और पिता क्या उस गांव का कौन ऐसा आदमी था
जिसने अपने हाथों से
अपने बच्चों को दफनाया नहीं था

हमारा गाँव कोसी नदी से घिरा था
और पिता के दुख का सबसे बड़ा कारण भी यही था
पिता 1857 की जिस क्रान्ति के असफल होने पर
जार-जार आँसू बहाते थे
उन्हीं आँसुओं से उस गाँव में हर साल बाढ़ आती थी
कोसी नदी का प्रलय हमने करीब से देखा था

उस नदी के सहारे आये विषैले साँप
पानी के लौटते-लौटते दो-तीन लोगों को तो
अपने साथ ले ही जाते थे हर साल

वह कोसी नदी मेरे पिता को
अपनी खेत पर मेहनत करने से रोकती थी
एक फसल कटने के बाद मेरे पिता
बस उस खेत पर कोसी नदी के मटमैले पानी का इन्तज़ार करते थे
पिता अपनी खेत की आड़ पर बैठे रहते थे
और कोसी नदी का पानी
धीरे-धीरे उनकी ओर बढ़ता था
पहले एक पतली धार से पानी धीरे-धीरे घुसता था
और फिर एक दहाड़ के साथ

उसी कोसी नदी के किनारे जो जगह थी
और जहाँ बहुत दिनों तक सूखा रहता था
मेरे पिता ने अपने आठों बच्चों को वहीं दफनाया था
और पिता ही क्या गाँव के हर आदमी ने अपने बच्चों को
वहीं दफनाया था
कहते थे अँधेरी रात में वहाँ एक औरत दिखती थी
एक़दम ममतामयी
एक-एक कब्र से बच्चों को निकालकर दूध पिलानेवाली
अपनी पायलों की रुनझुन रुनझुन की आवाज के साथ

हमारे गाँव के सारे बच्चे तब तक
उस कब्र में सोते रहते थे और उस ममतामयी माँ के
आँचल से दूध पीते रहते थे
जब तक कोसी नदी अपने साथ उन बच्चों को
वापस नहीं ले जाती थी
कोसी नदी की बाढ़
उस जगह को खाली करती
और फिर कुदाल चलाने पर वहाँ कभी भी
बच्चे की खच्च से कटने की आवाज नहीं आती

मेरे पिता जो इतिहास के जानकार थे
और जिनकी आँखों से 1857 की असफल क्रान्ति को याद कर
झरते थे झर-झर आँसू
इस ठेठ गाँव में चाहते थे एक क्रान्ति
ठाकुर रणविजय सिंह के ख़िलाफ़
जिनके नाम से इस कोसी नदी के विनाश को रोकने के लिए
बहुत पहले निकला था टेंडर
जिनके नाम से सरकारी खजाने से निकला था
सरकारी अस्पताल बनाने का पैसा

वह खुला मैदान हटिया की जगह थी
जहाँ मेरे पिता हर बृहस्पतिवार को तरकारी के नाम पर
खरीदा करते थे झींगा और रमतोरई
लेकिन पिता ने तब कभी सोचा नहीं था कि
ठीक उसी जगह पर एक दिन गिरेगी उनकी लाश
उनकी वह पथरायी लाश जो मुझे आज भी याद है
जस की तस

पिता उस हटिया में हर गुरुवार को खरीदते थे सब्जी
और अन्य दिनों लोगों को करते थे इकट्ठा
वे कहते थे हमारी हलकी आवाज
हो जाएगी एक दिन गूँज में तब्दील
पिता कहते थे, उस विषैले साँप के डसने से पहले
हमें ही बनना होगा खूँखार
उसी हटियावाले मैदान के बगलवाले कुएँ की जगत पर बैठकर
पिता भरते थे हुंकार
पिता का चेहरा लाल हो जाता था
और उनकी लाली से उस कुएँ का पानी भी हो जाता था लाल
पिता कहते थे हमें कम-से-कम ज़िन्दा रहने का हक तो है ही
तब कुएँ का पानी भी उनके साथ होता था
और वह भी उनकी आवाज में अपनी मिलाकर आवाज
फेंकता था बाहर

पिता की हिम्मत बढ़ती गयी थी
उनके साथ कुछ आवाजें थीं
कुछ इच्छाएँ और कुएँ के पानी का साथ
तब पिता बहादुर शाह जफर बन गये थे
एक क्रान्ति का अगुवा
लेकिन पिता बहादुर शाह जफर जितने बूढ़े नहीं थे
न ही बहादुर शाह जफर के जैसी उनकी दाढ़ी ही थी

जिस दिन पिता अपनी सेना के साथ
ठाकुर रणविजय सिंह की हवेली पर
अपने सवाल का उत्तर माँगने जाने वाले थे उसी दिन
पुलिस आयी थी
हमने पहली बार उसी दिन अपनी आँखों के सामने
नंगी पिस्तौल उस दारोगा के हाथ में देखी थी
वह पिस्तौल एक खाकी रस्सी से
उसकी वर्दी से गुँथी थी
और फिर पिता को गोली दाग दी गयी थी

गोली एक हलकी कर्र की आवाज के साथ
पिता के फेफड़े की हड्डी को तोड़कर घुसी होगी
और पिता एक गोली में ही मर गये
उसी हटिया में जहाँ वे तरकारी खरीदते थे
दारोगा की उस एक गोली ने पिता की ही नहीं
उस गांव की उम्मीदों को भी मार दिया था

पिता का चेहरा विकृत नहीं हुआ था
लेकिन उस पर बहुत देर तक भिनभिनाती रही थीं मक्खियाँ
हमें पिता की लाश के पास आने नहीं दिया गया था
और फिर उस लाश को कहीं ग़ायब कर दिया गया था

वह दारोगा जो इस गाँव के इतिहास में
सदा रखा जाएगा याद
को यह मालूम नहीं है कि उसने उस दिन मेरे पिता को नहीं

बहादुर शाह जफर को मार दिया था।

मेरे पिता की लाश का क्या हुआ
कुछ पता नहीं चला
उन्हें जलाया गया, दफनाया गया
कोसी नदी में फेंक दिया गया
या फिर चील कौओं ने उनकी बोटी-बोटी नोच ली
हम घरवालों के साथ-साथ हमारे गाँववालों को भी कुछ मालूम नहीं है

लेकिन दारोगा की उस गोली के बावजूद
मेरे पिता मर नहीं पाये
मेरे पिता मर नहीं पाये लेकिन इसलिए नहीं कि
उन्होंने गाँव की क्रान्ति के लिए
इस अनुपजाऊ भूमि पर क्रान्ति का बिगुल फूँका था
बल्कि इसलिए कि मेरे पिता की मौत ने
सभी के दिलों में भर दिया था एक भयावह डर
सबके कानों में पिता के फेफड़े की हड्डियों की
कर्र से टूटने की छोटी-सी आवाज आज भी बजती है जस की तस

मेरे पिता को मरे वर्षों गुजर गये
लेकिन आज भी सब वैसा ही है
हवाएँ तेज़ हैं लेकिन गाँव ठहरा है
उस हटिया में जब भी तरकारी लेने जाता हूँ तब हर बार
पिता की लाश से टकराता हूँ
हर बार पिता मुझसे कहते हैं
कम-से-कम तुम अपनी आवाज को ऊँचा करो

मेरे गाँव में आज भी बिजली, अस्पताल, थाना नहीं है
और न ही कोसी नदी की विनाशकारी बाढ़ को रोकने का उपाय है
अब मेरे सहित मेरी उम्र के सभी लोगों के बच्चे
पट-पट कर मरना शुरू हो गये हैं
और फिर वही सब
कोसी नदी के किनारे दफनाने की प्रक्रिया

रात में दूध पिलानेवाली माँ का आना
और बच्चों का उस ममतामयी माँ का इन्तज़ार करना
और फिर वही कोसी नदी का अपने लौटते पानी के साथ
बच्चों को अपने साथ ले जाना

मैं आज दुनिया की चमक के बारे में देखता-सुनता हूँ
और सोचता हूँ इस बाढ़ के मंजर को सुनना और देखना
कितना आनन्द देता होगा उनको

मैं जिस गाँव में हूँ सचमुच इस दुनिया की चमक के सामने
इस गाँव के बारे में सोचना भी बहुत कठिन है
मैं अभी ज़िन्दा हूँ
लेकिन मुझे अपने पिता का मृत चेहरा याद है
इसलिए इस गाँव में अब क्रान्ति नहीं होगी।

फिक्र हैं कि उड़ती ही नहीं

वे दिन भी कितने अच्छे थे मेरे दोस्त
जब हमें कोई गम नहीं था
कोई चिन्ता नहीं थी
हम तब घंटों मुजफ्फरपुर के अघोरिया चौक
और कल्याणी चौक में किया करते थे बतकथनी

वो जवाहर टॉकीज और अमर टॉकीज में
हमारा सिनेमा दर सिनेमा देखना

माधुरी दीक्षित का बहुत ही नखरे के साथ
पूछा गया वह सवाल
हमारे लिए तब लाख टके का सवाल था
कि चोली के पीछे क्या है
जूही चावला का वह घूंघट की आड़ में अपना मुखड़ा छिपाना
तुम्हें आज भी याद होगा वह दिन मेरे दोस्त जब
तब की सनसनीखेज नायिका दिव्या भारती की मौत की खबर
आई थी हमारे पास अचानक और
तब लगा था हमें जैसे
हमारे शरीर का कोई अंग ही कट गया हो

वो रात के घुप्प अन्धेरे को
सिगरेट के गोल-गोल छल्ले में उड़ा देना
तब भूखी रातें और सुन्न पड़े सपनों का
हमें कोई इल्म ही कहाँ था

न ही काई पड़ चुके तालाब के जल में छपाक से
किसी पत्थर के गिरने की आवाज के प्रति
हमारा कोई मोह ही था

उस ढलुवा रास्ते पर चलते हुए बेफिक्र
हमने कब चिन्ता की थी मेरे दोस्त
कि इस रास्ते की कोई मंजिल नहीं थी
कोई प्रकाश नहीं था
हमने आमगोला के उस धीरे-धीरे सूखते पोखर में
तड़पनेवाली मछलियों की तड़प की कोई बेचैन-सी आवाज
कब सुनी थी
हीरो और एटलस साइकिल के हैंडिल को सँभालते हुए मदमस्त
हमने तब रेलवे लाइन के ट्रैक के दोनों ओर
ढेर सारे टनटनी के पौधों के बढ़ते झाड़-झंखाड़ की
कोई चिन्ता कब की थी

कब की थी फिक्र तब नयी-नयी उस अर्थव्यवस्था की
उस नए लचीलेपन की
नए व्यापारियों की
पैसों के अथाह सागर की
कब हमने देखना चाहा था उसी अघोरिया चौक पर बाट जोहते बैठे
ढेर सारे मजदूरों की कातर आँखों की लालसाओं को

सिगरेट के छल्ले से रात के घुप्प अन्धेरे को उड़ा देनेवाले हम
तब कब हमने सोचा था कि
उस छल्ले में रात का घुप्प अन्धेरा ही नहीं
हमारा अपना भविष्य भी उड़ता जा रहा है

मुजफ्फरपुर की सड़कों-गलियों और चौक चौराहों पर
यूँ अलहदा घूमते हुए
कब हमने सोचा था कि आगे हमारी जिन्दगी में
अन्धकार का कोई कतरा भी है

आज जब वर्षों बाद फेसबुक पर तुम्हारा वही चेहरा झाँकता है
तब वे सारी बातें इस लम्बे दरम्याँ को लाँघकर
आ जाती हैं मेरे पास
तब सोचता हूँ क्या वह वाकई अच्छा नहीं था
कि हमें कोई फिक्र नहीं थी
वह मौजमस्ती, वह बेफिक्री
वह निश्चिन्तता और सिगरेट का वह धुँआ

आज जब चाहता हूँ सोचना
चिन्ता करना
और कुछ आवाजों को इकट्ठा कर शोर मचाना
तब सबसे ज्यादा हमारी आवाज को ही
कर दिया जाता है दरकिनार

जिन-जिन जगहों पर हो सकती है हमारी आवाज की
थोड़ी भी गुंजाइश
उन-उन जगहों पर बैठा दिये गये हैं
उनके अपने नुमान्इदे जो हमसे पूछते हैं सबसे पहले
हमारा नाम, हमारी पहचान
और हमारा रंग

मेरे दोस्त तब हम गलत थे या सही, पता नहीं
पर वे दिन कट गये बेफिक्र, निश्चिन्त
लेकिन ये दिन बहुत बड़े हैं

जबकि इन दिनों में मैं चाहता हूँ कुछ सोचना, कुछ करना
तब ये दिन हो गये हैं बहुत कठिन
और सच कहूँ तो अब सिगरेट के धुएँ के किसी छल्ले से
ये फिक्र उड़ती ही नहीं।

शब्द

हम बचपन में खूब करते थे बदमाशियाँ
और दादी खीझकर हुड़कती थी हमें
यह कहते हुए कि
'कलमच क्यों नहीं बैठ सकते तुमलोग'

कलमच बैठने का मतलब होता है शान्त बैठना
यह हमने हमेशा जाना
दादी के चेहरे के खीझने को देखकर ही
दादी के मुँह से सुनने में बहुत अच्छा लगता था
हमें यह शब्द
और कई बार तो हम करते थे ढेर सारी बदमाशियाँ
सिर्फ सुनने के लिए खीझ में निकला हुआ
उनके मुँह से यह शब्द

बड़े होने पर विभिन्न शब्दकोशों में
बहुत ढूँढा इस कलमच शब्द का
ठीक-ठीक अर्थ
पूछा कई दोस्तों-परिचितों, भाषाविदों से इस शब्द का
ठीक-ठीक भावार्थ
लेकिन हम इस शब्द के भाव को जानते हुए भी
नहीं ढूँढ पाये
शब्दों के किसी भी ठिकाने पर
जहाँ से कि बनती और विकसित होती है भाषा

इस शब्द की कोई सही जगह

इस तरह दादी के इस दुनिया से चले जाने से
चली गयी हमारी भाषा
हमारी संस्कृति
और हमारे हृदय से एक इतना प्यारा शब्द।

डर

चार साल की बेटी को
तमाम वर्दीधारियों के बीच सिखलाया जाता है स्कूल में
कि आग लगे तो भागना है किस तरफ
किस तरफ छिप जाना है उसे
किस तरफ है वह खास दरवाजा जिसके बाहर
बचा सकती है वह अपनी जान

बेटी को दी जाती है ढेर सारी नसीहतें
कि कैसे नहीं मिलना चाहिए उसे
किसी अनचीन्ही मिट्टी और पानी से
नहीं करनी है उसे दोस्ती किसी अंजान आदमी, बच्चे या स्त्री से
कैसे नहीं पहुँचनी चाहिए उस तक
कोई अंजान चॉकलेट-टॉफी, कोई लोभ
कोई खुशबू या कोई अपरिचित हवा
कैसे वह नहीं बताये किसी भी अंजान आदमी को
अपने स्कूल के बारे में कुछ भी
यहाँ तक कि अपने स्कूल के सैक्शन
अपने स्कूल बैग का रंग
अपने स्कूल के नोटिस बोर्ड पर चिपकायी गयी खास हिदायतें
अपने सबसे प्यारे दोस्त का नाम
या फिर यहाँ तक कि अपने सबसे जिगरी दोस्त की
नाक सुड़कने की खास आदत

चार साल की बेटी को उन वर्दीधारियों की कदमताल के बीच

दी जाती है नसीहत
कि कैसे कोई हमला कर दे स्कूल के भीतर
तब छिप जाना है उसे
उस डेस्क के नीचे जिस पर हर दिन लंच के समय
निकाल कर खाती है वह
अपनी माँ के हाथ का दिया हुआ स्वादिष्ट भोजन

स्कूल में चार साल की बेटी
उन वर्दीधारियों के बीच कदमताल मिलाकर
अपने आप को बनाने की करती है कोशिश
मजबूत और हिम्मती

चार साल की बेटी
लौटती है स्कूल से और छिप जाती है
अपनी माँ की गोद में दुबककर
चार साल की बेटी के चेहरे का रंग जर्द पड़ चुका है।

कौन बतलायेगा उसके एकान्त का सच

वह लड़की बैठी है उदास, चुपचाप, गुमसुम
तो पूछती है यह प्रकृति
जड़-जमीन, पेड़-पौधे, पत्तियाँ
और यहाँ तक कि ओस की आखिरी बूँद तक
कि क्यों है वह लड़की उदास, गुमसुम और चुपचाप
जब इस धरती पर चल रहा है सबकुछ तेज-तेज
अपनी रफ्तार में
इस सौर मंडल में सारे ग्रह हैं अपने अपने अक्ष पर ठीक-ठीक
जब धरती घूम रही है ठीक अपनी दिशा में
तब वह लड़की क्यों बैठी है
यूँ उदास, गुमसुम और चुपचाप

हम रह रहे हैं जिस समय में
वहां हमने कर लिए हैं चाँद पर पहुँचने के सारे इन्तजामात
छोड़ दी हैं अपनी जमीन से ढेर सारी मिसाइलें
वह आदमी आता है और दबाता है एक स्विच
और जगमगा उठता है रोशनी की बारिश में पूरा मॉल एकबारगी
उस बाहुबली के घर के दरवाजे पर उसका सुरक्षा गार्ड
दबाता है सिक्योरिटी पिन के कई नम्बर
और खुल जाता है उस विशाल हवेली का दरवाजा
जिसके भीतर हैं ढेर सारी कुर्सियाँ
एक कुत्ता और पत्थर के ढेर सारे चमकदार चिकने टुकड़े

वह लड़की निकलती है करने अपने हिस्से का संघर्ष

वह लड़की चाहती है
अपने चेहरे पर एक हल्की-सी मुस्कान
अपना नाम, अपनी पहचान
अपनी भावुकता और थोड़ी-सी अपनी मर्जी
लेकिन धरती की सारी कलमें भोंथरी होती जा रही हैं
दुनिया की सारी स्याही सोख ली गयी है
दुनिया की सारी रोशनियों को कर लिया गया है जब्त
वह लड़की बैठी है उदास, चुपचाप और गुमसुम
तो क्या जंग लग गया है हमारे कानून की किताबों को

वह लड़की बैठी है उदास, गुमसुम और चुपचाप
और पूछती है सवाल
कि इस लोकतन्त्र में कहाँ हैं तितलियाँ
कहाँ हैं पतंगें और कहाँ हैं
नदी में उठनेवाली लहरों की कोरस बनाती
वह सुरीली आवाज

वह लड़की जो बैठी है यूँ उदास, चुपचाप
तो कौन उतरेगा उसके हृदय में
कौन बतलायेगा उसके एकान्त का सच
उस लड़की के ख्वाबों के घोड़ों का क्या होगा
क्या होगा उस चाँद और उस आकाश का

यह अच्छा है कि अभी
लड़कियों ने बन्द नहीं किये हैं देखने स्वप्न
न ही बन्द की हैं पालना इच्छाएँ
वह लड़की अभी उदास है, चुपचाप है
तो बन्द हैं उसके मन में इस धरती के ढेर सारे रहस्य
प्रकृति की ढेर सारी अनसुलझी गुत्थियाँ
कमल की पंखुरियों के भीतर बन्द है एक कोमल तितली

जब तक इस धरती पर बैठी है वह लड़की
उदास, गुमसुम और चुपचाप

इस धरती पर बारिश में भीगने का मन करना
एक अपराध है
अपराध है खिले हुए फूलों को देखना

कितना अजीब है यह कि
जिस रास्ते से चलकर लेने जा रहे हैं हम
धूप का एक टुकड़ा
उसी रास्ते पर बैठी है वह लड़की
उदास, गुमसुम और चुपचाप।

मोनालिसा की मुस्कान

मोनालिसा मुस्करा रही है
मोनालिसा की मुस्कान पर है फिदा
पूरी दुनिया

मोनालिसा मुस्करा रही है
तो पूरी दुनिया को लगता है जीवन में है
एक सुकून
मोनालिसा मुस्करा रही है तो
मोनालिसा की मुस्कान बन गयी है
पेंटिंग की दुनिया की एक मिसाल

मोनालिसा मुस्करा रही है तो जरूर
दी विंची ने देखा होगा मुस्कराती हुई किसी स्त्री का
कोई एक चेहरा
मोनालिसा मुस्करा रही है
क्योंकि मोनालिसा पैदा नहीं हुई हमारे समय में

अभी कल ही तो उस चार साल की बच्ची का
हुआ बालात्कार
जिसका बाप मर गया था पिछले साल
खून की उल्टियाँ करके।

हमारे समय में रंग

आजकल कुछ रंग हो गये हैं बेहद मनमौजी
बेहद बड़बोले, बिगड़ैल
वे निकल आये हैं बेनीआहपीनाला के दायरे से आगे बहुत आगे
वे निकल आये हैं सड़क पर यहाँ-वहाँ हर तरफ-हर तरफ
मन में सोचता हूँ रंगों के बारे में
तो सबसे पहले दिखता है रक्त का ही रंग
और सोचता हूँ कि सचमुच रक्त का भी अपना एक रंग होता है

बेटी निकालती थी रंगों के बक्सों से रंग
तो लगता था बाहर आसमान इन्द्रधनुषी होता जा रहा है
परन्तु उसी इन्द्रधनुष से कुछ रंग निकल कर आ गये हैं अब सड़क पर
बेखौफ

रंगों के इतिहास को देखें तो
राजा रवि वर्मा से लेकर हुसैन तक
किसी ने कभी सोचा नहीं होगा कि
उनकी कूची से फिराये गये इतने रंगों में से
किन्हीं ख़ास रंगों की हो जाएगी इतनी अहमियत
कब सोचा था वॉन गॉग ने उस जूते की तस्वीर बनाते वक्त
कि एक दिन ऐसा भी आयेगा
जब एक रंग बन बैठेगा इस प्रकृति का नियामक
नहीं तो क्या गॉग उस जूते की तस्वीर में भरता कभी काला रंग

अब उसी रंग को देखकर चिड़िया
अपने पंखों को फड़फड़ाना बन्द कर देती है
बन्द कर देते हैं कुछ खास लोग मुस्कराना
और बन्द कर देती है उनकी पत्नियाँ अपनी रसोई में
बरतन की कोई आवाज, कोई खनक
बन्द कर देते हैं उनके बच्चे
अपनी माँ की गोद में दुबके दूध पीने की चुपुर-चुपुर की
मद्धिम आवाज़

यह रंग अब रंग नहीं हमारे देश का वर्तमान है
वर्तमान है, भविष्य है
यहाँ तक कि इस देश का अर्थतन्त्र है
अर्थतन्त्र ही नहीं, सूचनातन्त्र है
यहीं से बनता है वर्तमान यहीं से बनता है इतिहास
यहीं से बनती है आदमी की जमीन
और यहीं से बनता है उनका आसमान

टेलीविजन पर बढ़ गयी है अब कुछ खास रंगों की मात्रा
चुभने लगा है आँखों को टेलीविजन पर यह रंग
दिखलाने जाता हूँ मैकेनिक के पास कि क्यूँ बढ़ गयी है
इस टेलीविजन सेट में कुछ ख़ास रंगों की मात्रा
मैकेनिक देखता है उस टेलीविजन सेट को
और समझने की करता है कोशिश
वह जूझता है टेलीविजन के उस रंग से
और कहता है अब किसी भी टेलीविजन सेट में ऐसा कोई बटन नहीं
कि कर सके नियन्त्रित इन रंगों के बड़बोलेपन को
ये हो गये हैं बिगड़ैल
मैकेनिक देखता है उन रंगों के सैलाब को
टेलीविजन सेट पर गौर से
और गिर पड़ता है पछाड़ खाकर वहीं बेसुध

उस दिन तो हद ही हो गयी
जब मेरी चार साल की बेटी ने खोला अपना रंगों का पिटारा

और रोती हुई दौड़ती आई मेरे पास
कि पापा-पापा मेरे रंग के बक्से में न तो लाल रंग है
और न ही है नारंगी
पता नहीं कहाँ गायब हो गये हैं मेरे बक्से से ये रंग
पूछती है मेरी बेटी और मैं निरुत्तर हो जाता हूँ।